前　　言

人类进入知识经济时代，国际竞争日益激烈，创新创业能力的强弱体现一个国家的核心竞争力。推进高校创新创业教育是深化高等教育综合改革、促进毕业生高质量就业的重要举措，是经济新常态背景下国家和社会对高等教育的时代要求。

在经济结构的大调整中，中国须探索建立具备高端化、抗风险、可持续的创新创业体系，以提高创业者素质为目的，大力推进创新创业教育，培养创新创业人才，这些已然成为时代的必然诉求。具体措施为：深化高校创新创业教育改革，将创新创业教育贯穿人才培养全过程，建立以创新创业为导向的新型人才培养模式；强化高校教师创新创业教育教学和素养培训能力，改革教学方法和考核方式；加强大学生创新创业培训，打造一批高校创新创业培训活动品牌；完善中国国际"互联网+"大学生创新创业大赛可持续发展机制，鼓励各学段学生积极参赛。

本书分析了我国大学生创新创业教育的重要性与紧迫性，指出了大学生创新创业项目实施的理论与现实意义，在详细对比分析国内外现状的基础上，提出提高我国大学生创新创业项目质量管理的策略与构想，以期对我国高校创新创业教育工作起到推动作用，对我国高校创新创业教育理念的改革有所启示。

基于此，本书共分为七章：第一章是导论，主要介绍了创新创业教育的时代要求、我国创新创业教育的相关举措、大学生创新创业项目的主要类型、创新创业研究现状、研究思路与方法、研究的意义、创新与局限性，以及未来展望。第二章详细介绍了创新创业项目的相关概念、项目和管理相关概念、"课-研-赛-践"四位一体创新创业教育模式概述等。第三章是大学生创新创业计划项目（简称"大创项目"）的全过程管理，包括项目申报、评审、立项、中期检查、结题等，详细从项目的概况、立项书撰写、项目过程管理进行介绍，指导师生如何开展大创项目的研究。第四章是"互联网+"大学生创新创业大赛的筹备和指导，包括赛前指导、赛道的分类、评审规则、项目计划书撰写、路演 PPT 设计与制作、赛事组织指导、大赛实施意义等，为师生参与大赛提供可借鉴的方法和路径。第五章是大学生创新创业教育模式可持续发展机制的探索，主要从“四位一体”创新创业教育模式的构建和实施方案、项目持续发展观念、项目持续发展保障机制、项目持续发展服务平台、项目持续发展创业氛围等方面对大学生创新创业教育模式可持续发展进行进一步的探索和研究。第六章是大学生创新创业项目管理系统的设计与实现，主要从项目背景、项目技术构架、系统设计、系统设计方案、高并发响应及数据备份设计、数据安全设计等方面介绍如何有效利用系统平台对创新创业项目进行管理。第七章是大学生创新创业项目质量提升策略，包括更新观念，客观认识创新创业；加强创新创业教育观，完善课程体系建设；提升教师整体质量；构建实践平台等。

本书引用了众多学者的文献和研究成果，在此对他们表示诚挚的感谢。

由于作者水平有限，书中不当之处在所难免，欢迎广大读者批评指正并提出宝贵意见。

作者

2022 年 3 月

大学生创新创业项目质量管理策略研究与实践

苏 芳 著

哈尔滨工业大学出版社

图书在版编目（CIP）数据

大学生创新创业项目质量管理策略研究与实践／苏芳著．—哈尔滨：哈尔滨工业大学出版社，2022.7
ISBN 978-7-5767-0297-2

Ⅰ.①大… Ⅱ.①苏… Ⅲ.①大学生-创业-项目管理-研究 Ⅳ.①G647.38

中国版本图书馆 CIP 数据核字（2022）第 136527 号

策划编辑　闻　竹
责任编辑　陈　洁
封面设计　郝　棣
出版发行　哈尔滨工业大学出版社
社　　址　哈尔滨市南岗区复华四道街 10 号　邮编 150006
传　　真　0451-86414749
网　　址　http://hitpress.hit.edu.cn
印　　刷　三河市明华印务有限公司
开　　本　787mm×1092mm　1/16　印张 7.5　字数 139 千字
版　　次　2022 年 7 月第 1 版　2022 年 7 月第 1 次印刷
书　　号　ISBN 978-7-5767-0297-2
定　　价　45.00 元

※ 广西高等教育本科教学改革工程2022年度一般A类项目《基于“课－研－赛－践”四位一体教育模式下的大学生创新创业项目管理改革与实践》(编号:2022JGA150)

※ 广西高等教育本科教学改革工程2022年度重点项目《“互联网＋”背景下医用生物材料工程课程实践教学体系的改革与探索》(编号:2022JGZ119)

※ 广西教育科学“十四五”规划2021年度高校创新创业教育、高等教育国际化专项重点课题《“互联网＋”大学生创新创业大赛参赛项目培育质量提升策略实践研究》(编号:2021ZJY1440)

※ 广西医科大学本科教育教学改革项目2022年度重点项目《基于ARCS模式的“互联网＋”大学生创新创业大赛参赛团队动机激励策略研究"》(编号:2022XJGZ04)

目　录

第一章　导　　论

第一节　问题缘起

一、创新创业教育的时代要求

国家经济的发展与社会的进步越来越依赖于科技创新的水平与创新创业人才的培养。国际竞争已经不是单纯的经济上的博弈，更是人才的竞争，特别是创新人才的竞争。因此，世界各国越来越重视大学生的创新创业教育。

国际社会以及中国都对大学生创新创业教育作用的重要性和战略性有了深刻的认识和把握，并做出了很多的努力。当今世界为什么如此重视大学生创新创业教育，主要有如下几个原因。

1. 时代、经济和社会发展的需要

人类进入知识经济时代，国际竞争日益激烈，创新创业能力的强弱体现出一个国家的核心竞争力。社会对人才的需求发生了根本的变化，工业社会向信息社会转型需要创业人才，尤其是中国需要构建创新型国家，需要高校将大量知识和技术转化为生产力，要求高校必须培养创新创业型人才，促进社会更快更好发展。

2. 高校教育改革的需要

创新创业教育作为一种新的教育理念，体现了素质教育和终身教育的内涵，更突出了对大学生自主学习和实践能力的培养，是高校未来发展的趋势和目标。我国各高校应当更新教育观念，提升学生的社会责任感、创业意识、创新精神和创业能力，不断提高人才质量。

3. 大学生自身发展的需要

大学生有较高的专业文化素质，学习能力强，视野开阔，有创新精神和年龄优势，思维定式的局限较少，同时敢于挑战传统观念。而创新创业教育则重视大学

生事业心和开创能力的培养，以学生为主体实施，以课堂学习、课外活动与社会实践为主渠道，看重实现人生的自我价值，符合当代大学生的成才观，利于大学生全面成才。

4. 大学生就业的需要

近几年，随着高校扩招，毕业生数量节节攀升，2022 年我国大学毕业生超过 1 076万。党和国家一直以来都高度重视大学生自主创业，鼓励大学生通过自主创业、自谋职业等多种形式，千方百计扩大就业，灵活就业，以创业带动就业；使大学生不仅仅成为就业的求职者，更能成为职业岗位的创造者。

二、我国对创新创业教育的相关举措

当今世界，日益发达的科学技术为未来社会繁荣奠定前所未有的物质基础。同时，也为未来经济社会可持续发展带来诸多新的难题。在严峻的挑战中寻找新的发展机遇成为全球性共同话题，创新创业成为世界各国破解发展难题的重要选择，创新创业经济成为世界经济格局大调整的活力源泉。在经济结构的大调整中，中国必须探索建立具备高端化、抗风险、可持续的创新创业体系，以提高创业者素质为目的，大力推进创新创业教育，培养创新创业人才，这已然成为时代的必然诉求。中国应该立足国情，借鉴国际先进经验，构建科学、合理的高校创新创业体系，为创新创业实践提供有效的制度保障。

深化高校创新创业教育改革，将创新创业教育贯穿人才培养全过程，建立以创新创业为导向的新型人才培养模式。强化高校教师创新创业教育教学能力和素养培训，改革教学方法和考核方式。加强大学生创新创业培训，打造一批高校创新创业培训活动品牌。完善中国国际“互联网 + ”大学生创新创业大赛可持续发展机制，鼓励各学段学生积极参赛。坚持政府引导、公益支持，支持行业企业深化赛事合作。

大学生创新创业训练计划项目是由教育部推动实施的，是我国高校本科教学工程与质量工程的重要组成部分。教育部于 2012 年正式在全国范围内实施国家级大创项目，相关通知指出，该项目的实施可转变高校教育观念，提高大学生的创新创业能力，为国家建设输出更多创新创业型人才。随后，为进一步推动创新创业教育改革，国务院办公厅于 2015 年颁布实施意见，丰富了高校创新创业比赛活动，带动全国大学生更加积极参与到大创项目中。国务院于 2018 年颁布了“双创”升级版意见，要求强化大学生创新创业教育培训，在全国高校推广创业导师制，把创新创业教育和实践课程纳入高校必修课体系。

根据当前形势，推动大创项目的发展，一方面有利于激发当代大学生的创新创业活力，为我国创新创业发展奠定良好基础；另一方面也利于创建一个更适合大学生创新创业的良好外部环境。创新是使一个民族得以进步、使一个国家得以兴旺发达的灵魂和不竭动力；而创业是推动我国经济发展的重要手段，是提高人民生活质量的有效途径，创新和创业共生共存、紧密相连。国家鼓励和支持大学生踊跃参加创新创业大赛，以强化大学生的创新创业思维和意识。为推进高校创新创业教育水平，提高大学生的创新创业能力，举办创新创业大赛成为培养创新创业人才，鼓励大学生创新创业的重要举措。

三、大学生创新创业项目的主要类型

随着创新创业工作的进一步落实和推进，创新创业教育越来越受重视，国家各种政策文件和工作要求中，比如审核评估、认证材料，一流专业，一流课程等材料，都要求有创新创业教育实施情况和成效的表述。加强创新创业教育，是推进高等教育综合改革、提高人才培养质量的重要举措。目前，主要的创新创业类项目有大学生创新创业训练计划项目（简称大创项目）和“互联网＋”大学生创新创业大赛项目（简称“互联网＋”大赛项目）。这两种项目有什么区别呢？大创项目是需要申报、立项、结题，有经费支持的项目，分为三个等级，国家级、自治区级、校级。“互联网＋”大学生创新创业大赛项目是比赛项目，分为国赛、区赛、校赛。详见表1.1。这两种项目虽然形式不同，但是其共同点是均由学生担任项目负责人和成员，教师的角色是项目的指导者，学生是在教师的指导下完成创新创业项目。

表1.1 大学生创新创业项目的主要类型

类型	过程管理	分级
大学生创新创业训练计划项目 （大创项目）	申报、立项、结题 （经费支持）	国家级 自治区级 校级
“互联网＋”大学生创新创业大赛 （“互联网＋”大赛）	参与比赛 （奖金）	国赛 区赛 校赛

第二节 文献综述

一、关于大学生创新创业训练计划项目的研究

（一）国内研究现状

在“中国知网”文献检索平台，用高级检索输入主题词“大学生创新创业训练计划”，发现该计划在全面实施前，文献研究是较少的，自从2012年国家大创项目启动实施之后，研究篇幅有了较大的提升。因此，将搜索的时间范围限定在2012年到2021年之间，用主题词进行搜索，共查到相关文献837篇；再次把范围进一步缩小，将“大学生创新创业训练计划”改为关键词搜索，共搜索到368篇相关文献。本研究对近10年的大创项目相关文献进行查阅，归纳出我国大创项目的研究主要涉及以下几方面。

1. 大创项目质量影响因素的研究

影响大创项目质量的因素是多方面的，每位研究者都有自己的侧重点。通过查阅发现，很多研究者针对影响大创项目质量的相关因素展开研究，如秦建华等（2013）研究大创项目质量与项目选题之间的关系，并采取了实证分析的方法，提出大创项目的选题是整个计划目标实现的关键环节。刘佩勇等（2017）从大创项目的实践基地出发，认为实践基地对大创项目质量的保障具有重要意义，能够打破传统的实践教学活动模式，有助于培养学生的创新能力和创新精神；同时也能够帮助学生提高实践能力，让学生积累创业经验。

有些研究者则强调过程的重要性，从大创项目的实施过程或者高校创新创业人才培养过程对大创项目质量的影响角度展开分析。如王雁等（2018）从项目过程质量与项目成果质量两个方面进行分析，讨论影响大创项目质量的因素，认为项目类型数量、项目实施过程、跟踪反馈机制这几个因素对大创项目质量产生影响，并从这些方面提出建议。郭辉（2019）从项目实施效果的角度进行研究，认为学生自身情况、管理制度、课程设置、师资队伍四个方面对大创项目的质量产生影响。

还有很多研究者认为影响大创项目质量的因素来自多方面，只使用建立在经验基础上的描述性分析方法不够严谨，因此，很多研究学者采用定量分析的方法，

更加准确地分析各个因素对大创项目质量的影响。如高扬(2016)从大创项目持续发展角度对影响因素进行定量分析,并基于某高校的调查,提取了指导教师的有效指导、完善的制度、学校的场地支持、浓厚的校园创新氛围四个因素进行研究,用数据分析四者对大创项目可持续发展产生的影响。谭晋钰(2017)从大创项目过程管理满意度角度予以量化,发现师生对项目管理制度的了解程度、硬件支持、学术氛围是重要的影响因素。陈琳(2018)从影响大创项目成果转化的内部因素与外部因素两个方面进行定量研究,认为内部影响因素包括转化成果本身的特性、转化意识、转化能力;外部影响因素包括创新创业中的服务能力、政策与制度促进、社会文化氛围塑造以及对接企业的吸收能力。刘迅等(2019)从大创项目实施效果角度予以量化,选取了包括创新项目的组织管理、创新项目的过程管理、创新教育、创新人才培养在内的四个影响因素,以期建立大创项目评价体系,进而提高大创项目质量。

2. 大创项目质量提升对策的研究

很多研究者针对大创项目质量问题提出较为微观的对策,例如大创项目实施过程中某个环节出现的问题,提出具有针对性的建议。汤振策等(2013)针对项目创新创业网络平台存在的问题,提出三方面建议,即流水作业的管理方式;指导和约束结合的审核制度;索引健全的资料库。张建文(2014)等针对大创项目过程管理中存在的问题,提出健全管理制度,进行有效管理;实行阶段检查,督促项目进展;评选优秀项目,引导重视过程等建议。于斌(2015)针对大创项目管理实践指出要拓宽选题渠道,提高项目选题质量;规范项目过程管理;激发项目管理的积极性。许胡笛等(2019)针对大学生参与大创项目的情况提出建议:要在申报阶段对申报者进行培训考核;实施规范化管理;建立监管体系;更好地宣传科研的重要性,鼓励学生参与大创。针对大创项目实施质量和效果问题,杨风开等(2019)提出大创项目的运行管理建议,指出搭建大创项目指导管理平台、建立长效激励机制、构建电子信息平台等办法。

还有些学者则是对大创项目质量问题提出较为宏观的对策。如郭莉等(2012)针对大创项目管理模式提出三点建议:一是与企业建立良好的创新创业沟通平台,在学生间形成更好的创业氛围;二是弥补校内师资不足的问题,引进具有实践经验的企业导师;三是借鉴公司的管理模式对大创项目进行管理。金京姬(2014)根据大创项目的实施过程,提出要加强项目申报之前的指导工作;加强项目实施过程中的管理工作;充分发挥指导教师的作用;完善项目经费管理;加强项目过程管理监督的信息化建设。张瑞(2017)分析了2015年全国地方高校大创项目立项情况,提出做好顶层设计、加大经费投入、加强过程管理、优化师资队伍等具体建议,并提出通过加强创新创业实践训练、修订本科生培养方案等措施,进一步培养大学生创新创业能力。蔡伟(2019)提出提高大创项目质量既需要加强全过程的管理,包括宣传实效、指导方法、评审机制、过程管理等,又需要对参与项目的学生与老师进行监督,促进大创项目质量的提升。

(二)国外研究现状

国外对大学生创新创业教育的关注较早,随着信息时代的到来、知识经济的发展,高校创新创业训练的影响力不断上升。美国与加拿大在第二次世界大战后产生了能力本位教育模式,该模式强调根据工作岗位所需知识设置课程体系。20世纪60年代初德国开始实行“双元制”教育模式,该模式认为高校应当与企业共同培养创新创业人才。英国采用的是“合作教育”模式,主要特点是理论学习期和工作学习期交替进行。澳大利亚62所政府公立学院实行TAFE(Technical And Further Education)模式,由政府、行业与学校三者结合办学,主要目的在于培养学生的实际工作能力。

国外创新创业训练的组织形式与国内有所不同,高校具有较大的自主权,政府一般不会进行统一的管理。除此之外,国外高校在实施创新创业训练也相对灵活,项目的形式并不固定。在项目资金方面,与国内具有专项财政拨款有所不同,国外项目资金主要来源于校友会捐赠和联合基金会的支持。

1. 创新创业训练项目内容的研究

与国内学者有所不同的是,国外学者对创新创业训练项目内容的关注点更加细化。Paul F. Bulle 等(2013)对美国冈扎加大学的霍根创业领导力培养项目进行了研究分析,该项目重点关注在创新创业训练中领导能力的重要作用。为提高学生的领导能力,冈扎加大学为参与项目的学生设置了专门的创新创业训练课程。课程全部采取小班授课的教学方式;班级中既包括商科学生也包括其他学科学生,组成一个跨学科学习小组;课程内容上除了包括创新创业理论知识,还包括企业实习(Internship)、区域性的商业计划竞赛(Regional Business Plan Competition, BPC)以及新创实验室(New Venture Lab, NVL)等。

有些国外学者细化研究了创新创业训练项目的产出与影响力。如阿兰·菲勒(2006)对创新创业训练项目影响力进行了研究,认为项目对参与学生的创业意向有明显影响,但对可感知的创业行为的影响不大。彼得曼等(2003)提出创新创业训练项目可以提高参与学生对创新创业的认识,鼓励更多学生进行创新创业实践。

2. 创新创业训练项目影响因素的研究

国外的研究者更多选择使用实证调研的方法来研究影响创新创业训练项目质量的因素。全球著名的创新创业型大学——美国麻省理工学院早在 1916 年就创立了"技术计划"项目,开始了创新创业教育和实践活动,许多学者对其影响因素进行了研究。Hills(1988)对麻省理工学院进行了调研,发现在创业过程中,团队的成功概率要高于个人,认为团队是创新创业项目的重要影响因素之一。Nambisan Satish(2015)从麻省理工学院早期的创新创业教育研究和实践表明,学科背景影响创新创业训练项目。来自互补或不同学科背景的创新创业团队明显有助于初创企业的成长和长期发展,要注重跨学科合作的组织与实践创新创业教育活动。Bonnici Laurie(2016)认为课程设置是提升创新创业训练项目的重要影响因素,以麻省理工学院的"创新创业系列开发在线课程"为研究对象,展开调查研究。发现该课程从 2014 年初开始线上招生,目前有 50 多万名学生完成线上注册学习,并且带动了很多学生参与到麻省理工学院的创新创业训练营。

多安·温克尔等(2013)不是选择一所学校进行研究,而是选取了世界范围内 60 多个国家中的 321 所学校的创新创业训练项目展开调查研究。其团队运用问卷调查的方法,线上填写与实地调研相结合,调研内容包括创新创业训练项目的五个方面,分别为科研条件、课程设置、项目类型、项目安置以及师资力量。通过对调研结果的分析,提取了影响创新创业训练项目的六个因素,分别为实践机会、课程类型、校外合作、教职工的职位、项目的安置以及外部资助。

3. 创新创业训练项目的研究方法

在研究方法上,Ana Naia 等(2014)将国外学者对创新创业训练项目的研究进行总结,归纳为四个范式,分别为功能主义范式、解释学范式、激进结构主义范式与激进人文主义范式。在此基础上,对创新创业训练项目存在的问题进行了相关探究。

罗伯特·J. 拉姆等(2013)运用案例分析方法探究创新创业实习项目,模拟特定的企业场景,让参与项目的学生和创业者一起进行实践训练;对创新创业实习项目的个别案例进行探究,提出改进项目的对策建议。史蒂芬妮等(2015)使用定性研究的方法，深度访谈了参加过创新创业训练项目的师生，以创新创业训练项目失败的原因为研究角度，归纳总结出创新创业训练项目中存在三方面的问题，分别为学生对项目具有畏惧感；教师的创新创业知识储备不足；师生对项目的态度消极。思考创新创业训练项目失败给高校带来的启示，从实践与理论两个角度提出相关建议，包括项目目标、参与者、指导者、教学方式以及教学内容五个方面。彼得·罗宾逊等(2017)运用比较分析的方法进行探究，对比了基于态度与基于技巧的两种创新创业教育方法的特征。最终得出基于态度的教学方式更适合运用在创新创业训练项目中。他们在研究过程中提出假设，并为参与项目的学生提供了严谨的理论框架，运用实验的方法来验证假设。

(三)简要述评

通过对国内外有关创新创业训练项目的相关文献进行梳理，归纳如下。

第一，在创新创业训练项目的研究内容上，国内研究者主要关注大创项目质量存在的影响因素研究、问题研究以及提升对策的研究。在大创项目质量影响因素研究方面，不同的研究者具有不同的侧重点，并且已经获得了一些研究成果，但是研究方法上，更多的是基于经验基础上的描述性分析以及各个影响因素的简单罗列。影响大创项目质量的因素非常复杂，单纯依据语言描述不够具体和准确。大创项目质量存在的问题研究集中在学校宣传、选题、师资力量、管理制度四方面，有些学者从某一问题进行详细论述，有些则各方面都有提及。在大创项目质量提升对策方面，大多数学者从宏观层面提出指导性建议。国外创新创业训练项目发展较早，学者研究主要集中在内容和影响因素方面。内容上，学者们关注的点更加细化；影响因素上，更多偏向从学生层面进行研究。

第二，在创新创业训练项目的研究方法上，国内外研究者使用数理统计的方法都比较少。我国学者对大创项目质量的研究多倾向于采用描述分析的研究方法，统计分析较少。相比国内，国外学者使用实证研究方法较多，很多研究都是选取样本学校进行实地调查分析。

第三，在创新创业训练项目的研究角度方面，我国研究者更倾向于从客观角度分析影响大创项目质量的因素，例如课程建设、师资队伍以及培训基地等。而国外研究者更侧重从学生自身主观角度出发，例如分析创新创业团队和学科背景对创新创业训练项目的影响作用。

通过对创新创业训练项目的文献归纳与总结，本书选取大创项目质量影响因素为研究内容，运用实证分析的研究方法，分析各个因素对大创项目质量产生的影响。在研究内容上更加细化,既关注大创项目的客观因素,又关注学生自身主观因素;在研究方法上,通过实证调查进行数据统计分析。

二、关于"互联网+"大学生创新创业大赛的研究

研究型大学逐渐转型为创业型大学已经成为当前高等教育中一种新的趋势与方向。克拉克(Burton R. Clark)学者在其1998年的著作《创造创业型大学:组织转型的路径》中写道:"创业型大学要加强驾驭核心、开拓发展外围、多元的资助机构、激活学术活力、整合创业文化。"高校的创业教育项目为学生提供创造、计划和管理真正公司的机会,通过高等教育,大学生创业的成功率也将会大大增加。企业家是可以通过教育培养的,而学校在这种培养过程中扮演重要的角色。布拉什(Candida G. Brush)学者在总结前人研究成果的基础上于2014年构建了基于大学的创业教育生态系统,其中,大学内部的创业教育生态系统包括创业课程(Entrepreneurship Curriculum)、创业合作课程活动(Entrepreneurship Co-Curricular Activities)、创业研究(Entrepreneurship Research)。创业课程是由专业学科及项目等组成的学位教育;创业合作课程活动是为了丰富学生学习经历的非学位教育,例如商业计划大赛等;创业研究包括了理论研究和将理论应用于更广泛领域的现实研究。朱红等学者将高校创业教育分为四种形式:第一种是基础性创新创业教育,主要是使大学生以学习的方式获取所需要具备的创业基础知识;第二种为模拟性创新创业教育,主要是使大学生通过创业大赛的形式运用创业知识,感受模拟的创业过程;第三种为实践性创新创业教育,这种教育主要是使大学生真正地参与到创业实践中,不再只是模拟性地投入;第四种为观察学习性创新创业教育,让大学生与其创业榜样进行深入的交流。

从上述可以看出,创新创业教育的形式虽然多样,但是,创新创业大赛仍然是大学生创新创业教育的有效形式。因此,本书对大学生创新创业大赛进行研究具有重要意义。

(一)大学生创新创业大赛的相关研究

目前,对于大学生创新创业大赛的研究主要集中在对大学生创新创业大赛举办与组织过程的完善、创新创业大赛的举办意义、创新创业大赛中的参赛项目以及参赛团队等方面进行。

第一,研究大学生创新创业大赛的举办与组织过程的完善。丁三青等学者基于"挑战杯"竞赛,提出竞赛要去除功利性;高校要创新人才培养模式;要制定科学

合理的人才培养目标,并构建多样化的人才培养体系等。张志达学者从原因入手,对高校创业大赛低效的症结进行分析,认为其原因主要有创业项目不能满足市场实际需求;大赛项目展示时表演成分过多;大赛对参赛项目后续支持不足;大赛的评价标准缺乏对参赛项目在实际商业运营中的考量等。

第二,研究大学生创新创业大赛的举办意义。现有研究认为大学生创新创业大赛对高校创新创业型人才培养以及对高校创新创业教育改革的推进有积极作用与意义。例如,马建荣等学者认为高校培育高素质应用型人才的重要途径是创新创业竞赛,高校要以竞赛为契机培养并提升大学生的创新创业能力。杜洁学者认为除了通过课堂教学和实践实训途径培养大学生创新创业能力外,创新创业竞赛是选拔创新创业型人才的主要载体之一,高校大学生创新创业能力的综合考察方式之一是创新创业竞赛。丁三青等学者通过对"挑战杯"进行实证分析,从主办方、赛事评委、参与高校、参赛学生、企业等各利益相关主体的角度出发来分析赛事的意义和作用。陈霂学者基于"创青春"竞赛,对高校大学生的创业教育进行分析,进而提出有关完善高校创业教育的对策。

第三,对创新创业大赛中的参赛项目展开研究。例如,曾婧婧等学者认为,不同的创新创业大赛对于创新与创业会有不同侧重,这种不同的侧重会对不同属性的参赛项目是否受到评委青睐造成影响。林洁学者从对大学生创新创业项目管理的角度进行研究,采用 ASP. NET 开发设计了项目管理系统,负责项目从申报到最后的结题整个过程的管理。

第四,对创新创业大赛中的参赛团队进行研究。由于大学生创新创业大赛中普遍存在大学生创新创业团队,因此,对于学者来说,一个主要的研究关注点是大学生创新创业团队。波利(Sue Birley)学者和斯托克利(Simon Stockley)学者认为学术界对于创业团队还没有完全合适的概念对其加以描述,学术界比较频繁使用的创业团队的概念是由卡姆(Judith B. Kamm)等学者提出的:创业团队是指两个或两个以上的个体共同合作以创建公司,他们有相等的经济利益,他们存在于公司实际向市场提供商品或服务之前。大学生创业团队的结构也是学者们关注的重点,有学者指出,人口异质性(Heterogeneity)一直是研究的趋势与倾向。对于影响大学生创业团队在创新创业大赛中表现的团队结构要素主要包括人口学结构、知识结构和能力结构等。

(二)"互联网+"大学生创新创业大赛的相关研究

自 2015 年起,"互联网+"大学生创新创业大赛已经举办了三届。现有文献中对于专门研究“互联网 +”大学生创新创业大赛的文献很少，大都将其作为研究中的某一方面来提，例如，任泽中学者指出，可以以“挑战杯”和“互联网 +”大学生创新创业大赛两项赛事为龙头，以其他创新创业大赛与科研立项为支撑，培养并提高大学生的创新创业实践知识和能力。

本书所要研究的对象是“互联网 +”大学生创新创业，因此，作者以中国知网作为数据库，以“互联网 +”大学生创新创业大赛作为主题进行文献检索，共检索到 133 篇文献。这 133 篇文献主要分为以下几类。

第一类是关于大赛情况的描述报道类文献。例如，《创新创业：让梦想起航——第二届中国“互联网 +”大学生创新创业大赛全国总决赛综述》。

第二类是以大赛的组织管理的视角来开展研究。例如，吴爱华等学者通过对大赛的组织经验和育人成果进行梳理，对办好并办强大赛的思路提出了自己的看法。马妙明学者对“互联网 +”大学生创新创业大赛进行了较为笼统的介绍。谭晋钰学者通过总结天津师范大学的创新创业大赛开展与组织情况，同时结合国内其他几所院校关于举办创新创业类竞赛的特色和经验，为今后大学生创新创业竞赛及相关工作指明了改进方向。梁会青等学者通过对中国“互联网 +”大学生创新创业大赛以及美国莱斯商业计划竞赛进行分析比较，从大赛宗旨、组织和发展、具体开展等方面深入研究两项大赛的不同点，为我国开展大学生创新创业大赛提供启示。陈章政等学者以西安建筑科技大学的创新创业大赛为例，分析得出了大赛存在高质量、高水平项目数量不足；优势学科领域参与不够；大赛初创组与成长组参赛项目数量不足；参赛团队成员结构不够合理等问题。庄长宽等学者研究首届大赛后发现，大赛的参赛总人数很少且男性多于女性；参赛项目报送院校大多为体育学院以及信息科学技术学院等，有些专业参赛学生数为零；参赛学生中，人数占比最大的是大四学生。

第三类研究是从大赛的举办意义上来阐述的。大赛举办的意义主要有两方面：一是对于高校深化创新创业教育改革的意义，例如，有学者认为，要把大赛作为加强产学研用紧密结合的载体，以此来推进高校创新创业教育改革。二是对高校人才培养的作用，例如，有学者认为，“互联网 +”大学生创新创业大赛为高职院校的发展与人才培养方式的改革带来了机会，包括第二课堂的开辟，人才培养方案的修订，校企合作的促进，师生创新创业的强化等。蔡丽容学者分析了“互联网 +”大学生创新创业大赛对于大学生的创新创业能力的培养作用，从而得出大赛对提高大学生创新创业能力的启示，并进一步提出促进大学生创新创业能力培养的对策和建议。还有些学者从大赛的参赛项目角度进行研究。例如，刘庆梅学者以"互联网+"大学生创新创业大赛参赛项目为例，总结了提升设计专业的创新创业型人才培养水平的经验。滕桂法等学者通过分析中国"互联网+"大学生创新创业大赛中的获奖项目，提出了创新创业路径。

（三）研究现状总体述评

从研究内容上来看，对于"互联网+"大学生创新创业大赛的研究视角和大学生创新创业大赛的研究视角大致一致。现有研究虽有涉及创新创业大赛的举办与管理方面的内容，但是比较泛泛而谈，也缺乏对创新创业大赛中的每一个环节的细致研究。

从研究水平上来看，现有研究中对大学生创新创业大赛的研究水平较高、学理性较强，而对"互联网+"大学生创新创业大赛的研究水平不够高，很多研究者都是大赛的一线工作者，研究虽具有较强实践性，但缺乏理论指导与升华。

本书基于已有的研究，借鉴学者对"挑战杯""创青春"等相对成熟的创新创业竞赛的研究，以"互联网+"大学生创新创业大赛为研究切入点，对大赛从计划与启动、组织与实施、收尾与总结三个方面进行全过程的调查、研究与分析，总结举办大赛过程中的优点与经验，同时发现存在的问题，以期为之后的大赛举办以及同类型的大学生创新创业大赛的举办提供借鉴意义。

第三节　研究思路与方法

一、研究思路

本书根据当今国际国内社会的发展状况分析了我国大学生创新创业教育的重要性与紧迫性，并指出了大学生创新创业项目实施的理论与现实意义，在详细对比分析国内与国外现状的基础上，提出提高我国大学生创新创业项目质量的策略与构想，以期对我国高校创新创业教育工作起到推动作用，对我国高校教育理念的改革有所启示。基于此，本书共分为七章。

第一章是导论，主要介绍了创新创业教育问题的提出、创新创业教育的时代要求、研究现状，研究的思路与方法、研究的意义、创新与局限性。

第二章详细介绍了创新创业项目的相关概念、项目和管理相关概念、"课-研-赛-践"四位一体创新创业教育模式相关概述。

第三章是大创项目的全过程管理，从项目的概况、立项书撰写、项目过程管理进行介绍,指导师生如何开展大创项目的研究。

第四章是"互联网+"大学生创新创业大赛的筹备和指导,包括赛前指导,赛道的分类、评审规则、项目计划书撰写、路演PPT设计与制作、赛事组织指导、大赛意义等,为师生参与大赛提供可借鉴的方法和路径。

第五章是大学生创新创业教育模式可持续发展机制的探索,主要从"四位一体"创新创业教育模式构建和实施方案、项目持续发展观念、项目持续发展保障机制、项目持续发展服务平台、项目持续发展创业氛围等来对大学生创新创业教育模式可持续发展进行进一步的探索和研究。

第六章是大学生创新创业项目管理系统的设计与实现,主要从项目背景、项目技术构架、系统设计、系统设计方案、高并发响应及数据备份设计、数据安全设计等,介绍如何有效利用系统平台对创新创业项目进行管理。

第七章是大学生创新创业项目质量提升策略的建议,包括更新观念,客观地认识创新创业,加强创新创业教育观,完善课程体系建设,提升教师整体质量,构建实践平台,加强宣传培训等。

二、研究方法

本书遵循理论联系实际的基本原则,从现实出发,加强创新创业教育的理论研究和现实模式研究。

1. 文献资料法

文献资料法是实证研究和理论研究前期使用的一种方法,本书在研究过程中,充分利用学校图书馆电子工具,查阅了相关政策文件、专著、研究论文、期刊等材料,搜集了大量的相关信息,对研究工作的目标和内容都有了总体的认识和把握,为做好现有研究成果的总结奠定了基础。

本书着重搜集了以下方面的材料。(1)当前国内外关于创新创业项目的有关研究文献资料。(2)与创新创业教育相关的教育理论和理念。(3)对研究有重要参考作用和价值的国外成功的大学生创新创业研究成果。

2. 经验总结法

经验总结法是根据实践活动遇到的实际情况进行分析归纳,通过对实践活动中的具体情况进行归纳与分析,使之系统化、理论化,上升为经验的一种方法。本书在把握总体研究状况的基础上,结合经验积累,对大学生创新创业教育进行分析研究,从而做到理论上的概括。

3. 观察法

本书作者在负责大学生创新创业专职岗位工作中,通过平时的观察积累与访谈调查,对大学生的需求有了一定的感性认识,并进行了有益的思考和探索,了解到大学生创新创业教育在大学生群体中的重要性,为本书的研究奠定了良好的基础。

4. 对比法

本书用对比的方法研究并比较了中国与外国,诸如美国、英国、日本、印度、新加坡等国的大学生创新创业教育特点,深化了对我国大学生创新创业教育的理解和把握。

5. 系统研究法

本书将大学生创新创业项目作为一个整体来研究,从政府重视、社会支持、高校理念建设等各个角度进行探讨,从宏观和微观,在理念、支持与保障、氛围、研究体系、评价反馈等各个方面进行把握;强调大学生创新创业教育也应该融入大学生基础教育、专业教育和职业教育中,需要多方多层次的共同努力。

第四节　研究意义、创新点与局限性

一、研究意义

(一)理论意义

在当前的时代背景之下,如何加强大学生创新创业教育,深化高校创新创业教育改革,提高人才的培养质量,从而更好地服务于国家战略和社会经济发展,是高校研究领域中的一个重大课题。第一,基于现有的研究成果,深入研究高校创新创业项目,拓展了高校创新创业教育的内涵和外延,丰富了高校大学生创新创业教育理论体系;第二,研究高校创新创业项目有助于更新高等教育理念,深入推进创新创业教育的理论研究,促进高等教育学科发展;第三,运用教育学、管理学、经济学等多种学科丰富创新创业教育的研究视角,同时以创新教育理论、创新教育模式理论、项目管理理论为理论基础,深入探讨高校创新创业项目质量存在的问题,丰富创新创业教育的内容,促进创新创业项目研究更深入。

(二)实践意义

近年来国内高校毕业生人数呈现“井喷式增长”,国内就业形势愈发严峻,社会对人才的要求也越来越高,培养综合型、应用型的高素质创新创业人才极其重要。从实践出发,对高校大学生创新创业项目的研究意义体现在以下几个方面。

第一,明确大学生创新创业项目存在的问题并解决困境。通过对如何开展大学生创新创业项目进行深入的指导,能够明晰大学生创新创业项目申报、立项、结题等过程,进而有效指导师生开展大创项目。

第二,为高校培养开展大学生创新创业相关赛事提供参考与借鉴。通过对“互联网+”大学生创新创业大赛的筹备和指导进行研究,为师生参与创新创业相关赛事提供指导和帮助,提高创新创业人才项目的参赛质量,进而提升创新创业人才培养质量,促进大学生个人素质的全面提高和职业发展,营造良好的创新创业社会环境与文化氛围,为高校在创新创业人才培养方面提供参考。

第三,为促进大学生创新思维养成和创业能力提高、建设创新型国家奠定坚实的基础,有助于解决大学生“就业难”和高校、企业供需不匹配的问题,培养更多的高层次创新型科技人才,实现高质量就业,创新驱动发展方式,转变产业结构,推进和支撑区域经济的发展,建设创新型国家。本书主要从大创项目、“互联网+”大学生创新创业大赛两种项目的角度,并结合国内外的优秀文献及相关资料探索,研究了高校大学生创新创业项目质量提升策略。

二、创新点

(1)视角新。国内对创新创业的研究大多着眼于教育模式、课程设置等的研究,对基于“课-研-赛-践”四位一体创新创业教育模式下创新创业项目质量的研究还比较少。

(2)理念新。在创新创业项目质量研究中融入“课-研-赛-践”四位一体创新创业教育模式,与传统的教育理念和教育模式较为不同,重视四位一体的联合培养,以科学的方法培养符合社会所需的复合型、创新型的高素质人才。

(3)模式新。构建了“课-研-赛-践”四位一体创新创业教育模式,以课程为基础,项目研究为补充,项目竞赛为目标导向,最终以实践成果为目的的人才培养模式。“教”与“学”设计同时进行,实现了“课-研-赛-践”相互融通导链式教学模式,达到培养社会需要的创新创业人才的最终目的。

三、局限性

目前,对于创新创业教育这个热门的话题研究的文献逐年增多,但从国家举办的大创项目和“互联网 +”大学生创新创业大赛的角度来探索还是一个新的研究方向,在培养模式中加入了“课 - 研 - 赛 - 践”四位一体创新创业教育模式。但是由于作者理论知识与实践经验的欠缺,想法有一定局限性。

(1)不同类型高校所侧重的特色专业不同,在创新创业项目实施的过程中,往往会有所倾斜,怎样保证高校的创新创业项目与创新创业教育目标相契合,还需进一步探讨。

(2)高校大学生“课 - 研 - 赛 - 践”四位一体创新创业教育模式建构中,影响大学生创新创业培养的因素非常多,不仅仅是创新创业项目,如何保证所有影响因素的合力与协同作用,还需要进一步探讨。

(3)本书所介绍的高校大学生创新创业项目实施步骤,还需要在教育实践过程中进一步得到检验。

第五节　研究展望

一、重视课程建设,整合本土化与国际化研究

构建包含中国传统文化与时代特征的创新创业课程建设是摆在眼前的重大任务,以本土化问题作为理论研究的基础也是一系列教育问题探析的根本出发点和落脚点。一方面,要以原创性学理思考,用中国话语来诠释中国特色的创新创业课程体系;另一方面,要善于将西方先进理论引入中国情境,或通过中国本土化现象来拓展和丰富西方创新创业课程体系研究理论。整合本土化与国际化研究,促进中国创新创业课程体系建设、理论研究和实践发展的不断完善。

二、以现实问题为导向,加强实证研究方法的应用

创新创业教育作为教育实践,其研究要以社会现实问题为导向,加强学术界与实业界的密切联系并建立长期的合作沟通关系,为科学客观、有现实意义的学术研究共同献智献力,用理论来引领创新创业教育实践并在实践中检验创新创业理论。在研究方法上,可以通过问卷调查、专家访谈等掌握创新创业教育与专业

教育融合工作的进展及存在的问题、各主体对创新创业教育的满意度、大学生创新创业能力的提升、创新创业教育的实效性等等,在真实有效的大数据基础上,有针对性地解决现实问题。

三、宏观辨证与微观研究相结合

创新创业教育模式与创新创业项目的融合是一项全方位、多层次的复杂工程,现有研究往往从整体着眼,从高校创新创业教育的理念和体系构建着手,为相关研究奠定了一定的基础。当前,还需在宏观理论框架基础上针对不同类型、不同层次的高校以及不同学科专业在融合实践方面,如何实现多元化发展方面,共性与个性共存等问题方面进行深入探讨。此外,创新创业教育模式与创新创业项目融合实践环节中的平台建设、资源配置、组织管理等都是不可或缺的关键要素,要从微观层面,加强对创新创业教育教学环节、平台搭建、组织运行与管理等方面的研究,使创新创业教育相关研究逐步从宏观思辨转向微观探析,提升相关研究的科学价值。

第二章　大学生创新创业项目相关概念的界定

第一节　创新创业相关概念

一、创新

“创新”在汉语中的基本词义为创造、鼎新，即抛弃旧事物，创造新事物。早期的“创新”主要指制度层面的改造、变革、革新，并不包括科技层面的创新。现代意义上的创新是由经济学家约瑟夫·熊彼特所阐述的创新理论进化而来。1912 年，熊彼特在其著作《经济发展概论》中对“创新”进行定义，他把创新的过程界定为一种新型生产函数关系的建立，即通过加入新的生产要素和条件使生产关系得以重新组建。现代管理学之父彼得·德鲁克的著作《创新与企业家精神》中对已有创新理论进行了深入阐释和发展。他认为创新是赋予资源以新的创造财富能力的行为。我国对于创新理论的研究始于 20 世纪 80 年代，最早在技术领域探析创新的内涵。如傅家骥学者将视角聚焦于企业，认为创新是一种企业家行为——企业家抓住市场潜在机遇，通过重组生产要素和条件以更高效率、更低成本的生产经营方法推出新的工艺和产品并开拓新的市场的过程。李景芳、李建华学者也有类似看法，他们将创新定义为通过重组生产组织和要素，进一步优化生产环境、提升生产效率、扩大生产利润的过程。综上，本书将创新定义为主体在发挥主动性和创造力的基础上将生产条件、生产要素和生产组织进行组合调整，并加入新的生产关系中，通过变革生产力、降低生产成本、提高生产效率、增大生产效能，以创造出市场所需要价值的综合过程。

二、创业

“创业”在汉语中的基本词义为“创立基业”“开创建立事业、基业”，即突破资源的约束建立新的组织结构。“创业”的英文单词为“entrepreneurship”，该词的词根“entrepreneur”，即企业家、创业者，因此西方的创业概念多与企业相关联。

西方国家开始对创业进行研究的时间较早，学者对于创业的内涵界定基于不同视域。部分学者强调创新对创业的影响。1934 年，熊彼特以创新为切入点，认为创业是社会变革的根本动力，是将创新实践化的过程。德鲁克将创业定义为那些能够创造出具有社会价值、非同凡响的新东西的活动。部分学者从价值创造的角度进行探究。例如，哈佛大学教授史蒂文森认为创业是突破当前所面对条件的限制，在已有资源的基础上重新组合利用现有要素，努力打破僵局，拓展新局面并创造机会、价值。部分学者从创业风险的角度对创业进行定义。例如，以法国经济学家康蒂永为代表的风险学派认为创业要求创业者具有规避风险的长远眼光，在资本市场中迅速把握机会以获得最大化的利润。

国内学者主要从广义和狭义两个层面展开对创业内涵的界定。广义上的创业概念认为创业是通过具有创新和创造性的社会变革活动创造社会财富与价值的过程。例如，郁义鸿认为创业是基于发现、识别和把握机会，提供市场所需服务，以此创造满足市场价值需求的产品。辜胜阻等认为将各种资源进行重组，在此基础上开创新的组织和业务，在承担一定风险的同时捕捉机会进行价值创造。狭义的创业概念则认为，创业就是通过建立新的企业，创造财富谋取利润。例如，张竹筠认为创业就是创立企业，即建立一个依靠创新进行价值创造和产品输出的企业。

综上，由于本书研究的是高校对于大学生进行创新创业所提供的服务支撑，并不局限于传统的创立新企业的过程，因此本书认同郁义鸿等学者提出的广义创业概念，将创业界定为创业者通过分析，挖掘潜在的商业机会，凭借自身的经济条件和技术整合市场资源，在承担一定风险的前提下开展经营活动，创造社会物质和精神财富的过程。

三、大学生创新创业

1. 大学生

通俗意义上的大学生主要指正在接受或者已经接受高等教育的学生，他们拥有丰富的科学技术知识体系和灵活的头脑，是经济发展和社会进步的重要推动力量。当前学术界和法律法规并没有对大学生的概念做出明确的界定，学者们通常基于不同的视角和所属研究领域来对大学生的概念进行阐释，但也并未达成一致意见。李瑜在对于大学生创业支持体系的研究中将大学生定义为：正处于在高等院校读书期间的学生或者已经取得大学生毕业文凭的一类人。刘军在探究大学生创业政策体系时认为大学生是在高等学校具有学籍并接受高等教育的学生以及取得毕业证书后5年内具有创业行为的毕业生。由于本书是对高校提供的大学生创新创业服务体系进行优化研究,在此将大学生界定为具有普通高等学校学籍、正在普通高校接受教育或已经毕业且5年内具有创新创业行为的本科生。

2. 创新创业

从上述对创新和创业的内涵探析上看,创新和创业的本质内核很大程度上趋于一致,在特征上也具有相似性,两者虽有一定区别但联系十分紧密,因而“创新创业”不仅仅是机械层面的简单叠加,更是深层次上对于两者含义的兼顾,是一种有机融合。2010年5月,教育部下发《教育部关于大力推进高等学校创新创业教育和大学生自主创业工作的意见》,这是政府层面首次将“创新”与“创业”融合使用,之后国家和地方各层级下发的关于创业的政策文件中在描述创业的同时往往都会提到“创新”二字。多以“创新创业”取代了过去单独对“创业”一词的使用。

在对创新与创业之间关系的探究上,我国大部分学者都认为创新与创业有所区别但联系紧密,两者互为表里、存在着密不可分的相互关系。东北师范大学王占仁教授在研究“广谱式”创新创业教育体系架构时对“创新创业”的概念进行了探讨,他认为基于“创新”而言,“创新创业”指明了创新的目的和归宿在于创造满足市场的产品和价值,强调了创新成果的转化和应用;基于“创业”而言,“创新创业”为“创业”进行了方向性的统领,强调创业过程中对于创新精神、创新品格、创新素质的培养,重点在于挖掘创业机会,增强创业实效,提高创业的层次和水平。

本书认为“创业”与“创新创业”在本质属性上具有共性,之所以在“创业”前加上“创新”二字是为了更好地突出创新对于创业的指向性作用,以创新精神、创新素质、创新意志和创新技能驱动创业,把创新创业实践的重心转移到对大学生创新潜力的挖掘上来,强调在创新创业实践的过程中对大学生的创新品格、创新思维和创新能力的培养,提高大学生创业的层次和水平。因此,本书将大学生创新创业界定为大学生在拥有良好的政策制度、资金支持以及锻炼平台等环境条件保证下,利用所学的专业知识、才能和技术,充分发挥自身的创新潜力和创造潜能,解决社会生产生活中存在的问题,创造满足于社会市场的价值,或在承担一定的风险的同时捕捉市场商业机会,把对市场需求的认知和创新成果转化为商业化产品并获取利润的高专业性、高科技性的过程。

创新创业是基于创新基础上的创业活动,既不是单指创新,也不是单指创业。创新强调的是开拓性与原创性,创业强调的是营利性和市场空间,创新创业强调的是企业和个人通过开办实业获取商业利益的行为,其商业模式和科技含量都比较前沿。创新创业包含的创新不单指的是技术层面的创新,还包含了管理方面的创新、科技方面的创新、流程上的创新、营销方面的创新等。其具有高风险,高回报,高收益性,高引领性的特点。创新创业与传统创业本质区别在于在创业活动中是否存在创新因素,也就是其商业模式和科技融合是否比现有的创业更具有降低交易成本、提高利润空间的行为。

四、创新创业教育

创新创业教育包括创新与创业两个方面。创新教育就是以培养人们创新精神与能力的教育,它是不同于传统教育模式的一种新型的教育模式。而创业教育是一个过程性的教育,其核心思想就是个人开创能力的培养,就是一个人开创能力从无到有的过程性教育。将两者结合,创新创业教育就可以理解为:一种在创新精神和能力教育基础上所进行的创业教育。近年来,创新创业教育在各大高校广泛开展,为各大高校的大学生创业提供了一条崭新的道路,为社会培养各类创新创业人才。

"创业教育"这一概念首次出现于20世纪80年代,由联合国教科文组织在国际教育研讨会上提出,并成为世界高等教育的一个重要理念。我国在"创业教育"概念基础上拓展了其内涵,提出了"创新创业教育"。2010年,教育部颁布《关于大力推进高等学校创新创业教育和大学生自主创业工作的意见》,正式使用了"创新创业教育"的表述,提出"创新创业教育是适应经济社会和国家发展战略需要而产生的一种教学理念和模式"。众多学者和专家为了科学把握这一新的教育理念,对其进行了深入探究与系统阐述。在学界众多的相关研究与表述中,出现了三种类似的提法,即创新教育、创业教育、创新创业教育。三者在教育意义上都突出对传统教育的发展变革,强调以学生为主体,培养高素质人才,以及由此带来的教学理念、教学方法、教学考评等方面的改革。但各自的侧重点和内涵不尽相同,不可混淆。厘清三者的区别和联系是把握创新创业教育本质内涵、科学有效开展高校创新创业教育实践的重要前提。

对于创新教育的本质内涵,学者们主要从创新角度出发,通过创新理论来阐述,或通过厘清创新教育与素质教育等相关概念和周边要义的关系来揭示创新教育的本质。在内涵表述上学术界虽然还未达成一致意见,但创新教育的基本内容是培养学生的创新精神与能力,这一点已经达成了共识。在创新教育内涵的探析中,其与素质教育的关系受到较多关注,并形成了两种对立的观点,大多数学者认为二者是包含和被包含的关系,创新教育是素质教育的核心与重点。也有学者认为二者不属于同一范畴,素质教育是创新教育的前提。实际上,素质教育与创新教育都强调学生的主体性和开创性,而创新教育则在素质教育开展的基础上重点突出了创新精神、创新能力等时代发展的人才需求特点。因此,既不能把创新教育直接泛化为素质教育,也不能脱离素质教育来推进创新教育。

对于创业教育的认识,有广义、狭义之分。广义上,创业教育主要是指提高学生创业意识、精神和能力,培养其开创性品质的各种教育活动。狭义的创业教育被视作就业教育的拓展,通过提高创业技能和综合素质,鼓励学生创业活动,使更多学生成为岗位的自主创造者。就创业教育与就业教育的关系,主要形成了以下三种不同观点:第一,创业教育和就业教育是对立关系。以唐德海等人为代表,他们认为创业教育的全面兴起会导致就业教育的衰落,突出强调创业教育对于创业型人才的培养,把通过自主创业来解决大学生就业问题视为创业教育的重要目的,认为创业教育会取代就业教育。第二,创业教育和就业教育是包含关系。这种观点从就业与创业的关系出发,认为就业包括从业和创业,创业是就业的一个重要途径,因而将创业教育包含在就业教育的范围内。第三,创业教育和就业教育是衔接互动的关系。通过就业教育提高学生岗位胜任力,把就业当作创业的跳板,走一条“先就业再创业”的道路。

对于创新创业教育,当前学术界定义也有所不同。相关文献中对其内涵研究主要可以归纳为以下方面:第一,创新创业教育不等同于创新教育或创业教育,也不是二者的简单整合叠加。第二,创新创业教育不是培养企业家的培训,也并非创办企业的培训课,更不是应对就业问题的阶段性策略,而是面向全体、贯穿全程、因材施教的普惠性教育。第三,创新创业教育的根本目的是培养和提升大学生企业家精神、创新创业能力和综合素质。

可见,创新创业教育是一个伴随时代变化不断更新发展的概念,“创新创业教育”从文字层面上看只是在创新之后加上创业二字,但是在实质上,凸显出了创新的实践价值性质。以创业的视角为切入点,创业前面加上创新二字,则明确规定了创业的指向性,提升了创业的深度。不同层次和类型的大学对创新创业教育的内涵本质与目标有不同讨论,但基本达成共识内容如下:第一,创新创业教育既强调创新的实践应用性,又突出创业的高层次性,是更加系统综合的教育。第二,创新创业教育要面向所有学生,分层次、分阶段植根于人才培养的始终。第三,学生综合素质的提高是高校创新创业教育的根本目的和最终归宿。

五、大学生创新创业训练计划

大学生创新创业训练计划于2006年由教育部高教司设立，并于2012年将其调整为“国家级大学生创新创业训练计划”。这一计划是针对全国大学生而制定的，是影响力最强以及涵盖范围最大的高校创新创业活动。大学生创新创业训练计划不仅是高校本科教学“质量工程”的重要组成部分，而且延伸和发展了大学生创新性实验计划。该计划分为国家级、省级、校级三个级别。从研究内容的侧重上分为三个类别，创业方面包括创业实践项目与创业训练项目两类，创新方面为创新训练项目。大学生创新创业训练计划的三种项目类型在研究内容上有不同的侧重点。其中，创业实践项目强调的是项目组成员在校内指导教师与校外企业老师的共同协助下，利用在创新训练项目中产出的项目成果，开展一系列符合市场发展需求的创业实践活动，例如生产一种新型产品或者开拓新的服务领域。创业训练项目与创业实践项目有相似处，但更多采取模拟实践的方式，项目组成员可以扮演模拟企业中的角色，通过教师的指导和项目组的讨论，开展企业实施的可行性研究、编写商业计划书、组织实践活动以及最后书写创业报告。创新训练项目与创业类项目有所不同，它强调项目组成员的科学研究能力，成员要自主完成研究条件的前期准备、项目整体的设计以及结项报告的书写等工作。

六、大学生创新创业大赛

大学生创新创业大赛是指各级政府部门、企业、行业、协会为引导社会各行各业的人加入创新创业的队伍，给有创新创业希望的人搭建一个机会平台而开展的以创新创业为目的的比赛。以中国创新创业大赛为例，大赛采用的方式是“市场机制、公益支持和政府主导”，通过搭建服务创新创业人才的公共平台，提升创新创业水平、营造创新创业氛围、弘扬创新创业文化、促进科技和金融结合。

为了激发大学生的创造力，近年来，国家高度重视大学生创新创业活动，其目的是通过“以赛促学，培养创新创业生力军；以赛促教，探索素质教育新途径；以赛促创，搭建成果转化平台”，为国家科技兴国、产业结构调整和经济社会发展做出更大的贡献。教育部、科技部、人力资源和社会保障部、中央共青团等多个部委联合举办了一系列全国大学生创新创业大赛，如中国“互联网+”大学生创新创业大赛、创青春全国大学生创业大赛等。

第二节　项目和管理相关概念

一、项目质量

根据我国制定的大创项目实施原则，将项目质量评价体系分为项目过程质量和项目成果质量两方面。项目过程质量主要指项目执行过程是否规范、研究内容是否与主题契合以及是否达到学生知识、能力和素质的培养目标等。项目成果质量主要指结题报告是否规范、论文是否被期刊接收、研究成果与项目研究内容的符合程度、成果数量和成果等级等。项目质量主要体现在两方面：一是学生的创新创业训练项目要达到国家和学校规定的水平，这是大创项目质量体现的客观标准；二是大创项目要满足主体的主观需要，既满足国家和高校对创新创业人才培养目的的需要，同时也要满足社会和个人发展的需要。具体而言，大创项目质量有内在和外在两种表现形式，内在质量表现为项目研究内容是否有价值，是否符合学生的培养目标；外在形式表现为项目是否规范、等级高低以及成果数量多少。

二、项目质量管理

全面质量管理的概念最早是由美国通用公司总裁菲根堡姆在其1961年出版的《全面质量管理》一书中提出的。这一理论所强调的重点是质量，基础是带动组织中每一位成员，最终目标是实现管理上长久的成功。全面质量管理理论在实践应用中不断丰富内涵，其特征体现为“三全一多”，因此也称作“三全管理理论”。“三全”分别是：全员性，即涉及组织中的每一个成员；全过程，即涉及管理的每一项工作；全方位，即涉及组织的方方面面。“一多”指的是多利用现代科学技术和先进的管理方法。虽然，全面质量管理最初应用于企业的管理，但20世纪70年代末，其理论被逐步引进高等教育领域并得到了广泛的应用。因此，从管理的角度来看，该理论同样适用于学校创新创业训练计划项目的质量管理，两者都需要保证质量，进而提高质量水平。

本书认为理论的运用主要应做到以下三点：第一，坚持以学生为本，以学生的研究需要为核心。学生作为大创项目的主要参与者，需要一定的物质基础和研究条件。学生最终的项目成果是其综合能力的体现，因此应当关注学生在整个项目研究过程中的需要。

第二，持续动态管理大创项目质量。质量是一个动态的概念，如今被认为优秀的项目，随着时间的变化或环境的改变，人们对其质量的标准会发生变化。除此之外，影响大创项目质量的因素本身也在不断地发生变化。所以，要对大创项目进行一个动态的管理，持续提高大创项目的质量。

第三，坚持大创项目质量管理的全员性、全过程、全方位。大创项目的成果既要满足时代发展与社会需求，又要达到学校规范和个人目标，因此，社会、学校、个人都应当参与大创项目质量的管理工作。学校对大创项目质量的管理不能只注重结项的检查，而是应关注项目形成过程的各个环节的工作质量，强调在项目申请、立项、中期、结项每一个环节进行跟踪监管。

除此之外，还要对各种影响大创项目质量的因素进行控制，调动一切积极因素，充分发挥人力、财力、物力的积极作用。

第三节 “课－研－赛－践”四位一体模式概述

一、“课－研－赛－践”四位一体模式的提出

创新创业教育是当前教育部门密切关注的热点领域，是实施创新驱动发展的重大举措，并对促进经济结构转型和改善就业结构起到重要作用。自20世纪90年代以来，复旦大学、浙江大学等就开始举办科技创新活动和创业实践活动，政府对创新创业教育的重视程度也逐年提升，积极鼓励大学生开展创新创业活动并提供有利于大学生创新创业的政策环境。国内外学者对创新、创业及两者的融合均进行过分析研究，其研究内容主要聚焦在大学生创新创业教育现状、创业精神、创新创业教育的可拓展性、创新创业的高结构模型、对国际创新创业教育的方式比较等方面。但就研究内容而言，多数学者将研究重心放在创新理论研究和创业分析探索方面，在“双创”型人才培养方面也多以现状分析或单个的影响因素研究为主，整体结构比较松散，缺乏构建系统完善的人才培养模式。基于此，根据以往的研究，本书提出“以课启创”“以研促创”“以赛激创”“以践驱创”的理念，将人才培养的四个层面结合起来，构建“课－研－赛－践”四位一体创新创业教育模式，在丰富当前创新创业教育的研究方向和培养大学生创新精神和创业实践等方面具有现实意义。以医学院为例，详见图2.1。

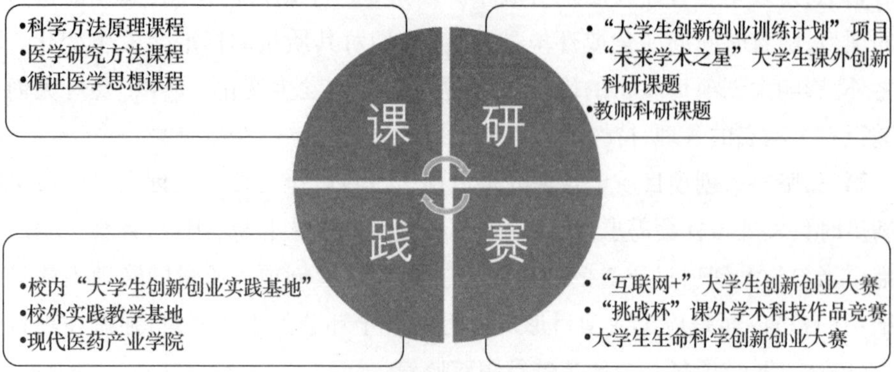

图 2.1 “课－研－赛－践”四位一体创新创业教育模式

二、“课－研－践－赛”的内涵

“课－研－赛－践”四位一体创新创业教育模式旨在提升学生的创新创业能力,培养双创型人才。基于培养目标,主体构建“以课启创”的“专创”课程体系、“以研促创”的创新创业训练体系、“以赛激创”的竞赛机制和“以践驱创”的创业实践基础,推动形成内部体系完善并相互促进的“双创”型人才培养模式。在创新创业师资的设置上结合校内外资源,构建校企合作平台,实现人才培养模式的一体化和全面性。

(一)以课启创,构建“专创”融合课程体系

在创新创业的教学过程中,学生不仅要掌握创新创业基础知识,还需掌握统计学、经济学、管理学、市场调查与决策学等其他专业知识。除上述理论知识以外,学生还要锻炼自己的团队合作能力、迅速行动能力以及能够将知识加以运用的能力。前者涉及理论知识的学习,而后者可以通过实践学习来不断加强,最后达到自我效能的转化,并将这些能力作为大学生创新创业的内在动力。“专创”融合的课程体系在课程的内容上可分为创新创业型、专业型、实践型。整体上把大学生创新创业过程分为四个阶段,根据不同的阶段设计相应维度的课程,使学生能够更加全面地了解创新创业的过程,避免知识的狭隘性。

1. 理论课程教学

国内高校对理论教学多以课程为主导,因此学生主要通过课程的形式学习创新创业理论知识。由于创新创业要求学生具有综合素质,因此在课程设置上不应

该是孤立的，需要与专业课程融合成一个完整的课程体系。

（1）创新创业型课程。创新创业课程可激发学生的创新创业思维，提高其创新创业的基本素质，因此这类课程主要有创新创业基础课程、大学生创新创业指导课程等。课程设计可借鉴国外高校的经验，如创新创业教育的领头羊——百森商学院，做到完善课程内容、避免单调性。创新创业课程的设置要包含创新理念、创业意识、创新创业核心能力三大类，促使学生能够充分了解创新创业的意义，避免功利导向学习。同时，可将社会类学科融入创新创业课程当中，引导学生将创新创业的学习和社会的发展与需求联系起来，使课程更具有实际意义。

（2）专业型课程。仅设置创新创业型基础课程是不够的，如果这些课程与专业课程脱节，将会导致学生的创新创业思维缺乏专业支撑，难以落地实施。创新创业成果的产出也将受到创业项目的影响，一旦创业项目脱离专业课程，就容易出现创新创业思维与专业能力“两张皮”的现象。为此，高校可增加线上专业型课程作为创新创业专题选修课，学生可根据专业类别、兴趣和项目的需求进行选课。这类专业课程的设置既弥补了学生专业知识的匮乏，又避免了创新创业课程与专业课程脱离的情况。

2. 课外实践教学

课外实践教学主要涉及两个方面。

（1）建立具有实战背景的师资队伍。“专创”融合课程体系对高校师资队伍的建设提出了挑战，单一的理论知识传授难以满足创新创业教育的需要。因此，建设一支集理论与实践于一体的师资队伍是保障“专创”课程体系有效实施的基础要素。

（2）构建创新创业实践教学平台。基于大学生毕业实习、毕业设计等教学内容，以实际项目为载体，从软件资源和硬件设施两方面入手，构建创新创业实践教学平台。

①校企共建培训室，并按照企业生产经营要求配置软件和硬件设施，促进高校教师和企业一线研发人员的交流。对高校教师进行技术培训，使教师能够紧跟市场和企业的发展需求，及时调整自身教学方案，提高教学效果。

②支持聘请校外优秀人才兼任指导教师，使创新创业课程指导教师由校内教师和校外专家共同担任，在理论教学的基础上加入实践教学。引入行业内高级技术人员、企业专家或成功自主创业家等担任指导教师，构建“专创”融合的师资团队，为学生实习提供建设性意见，甚至就业机会。

③搭建实践教学平台硬件设施，作为承担实践教学、实施实践教学各环节的重要基础，对提升教学质量起到保障作用。高校可以建立学生实践教学平台，为学生提供相应的实验设施和研究设备，为创新创业成果交流展示提供智慧教室。完善的硬件设施能够为学生的学习和实践提供便利。

④完善实践教学平台软件资源，搭建实验教学系统，通过使用校园网实现双向网络化，为教师的网上实践教学和学生自主实践提供技术支持。教师可在实验教学系统发布实践任务、所需资源、考核方式等。学生可通过该系统查询空余实验室，并利用实践教学平台提供的硬件设备进行实践操作。实践教学系统能够有效扩展教学空间，做到课程开设便捷化、学生参与简单化。

（二）以研促创，构建“1＋1”训练体系

理论和实践是创新创业教育的两个方面，是创新创业训练体系的支撑，而训练体系产出的经验和成果能够运用到创新创业实践当中，作为承上启下的环节，为形成完整的“双创”型人才培养模式奠定了基础。“1＋1”训练体系由模拟公司运营的训练模式和“论坛＋讲座＋项目”的交流展示中心组合而成。

1. 校内模拟公司运营

由于企业难以提供足够的实习机会，为了更好地提高学生的实践能力，避免理论与实践脱节，高校引入模拟公司运营，进行校内创新创业训练。模拟公司包括技术研发部、财务部、人力资源部、营销部、生产部，并配备信息员和记录员工招聘、财务管理、技术开发等在内的真实企业运营过程。学生需要编写创新创业计划书，并进行可行性研究、模拟运营等工作。为了解完整的公司运营过程，须注意以下要点。

（1）公司的运营要符合《中华人民共和国公司法》，要在学校的模拟公司经营管理处进行公司注册、银行开户、市场监管等工作，并确定公司的名称和Logo。

（2）实行考核制，包括出勤率、职务胜任情况、项目参与度，其中职务胜任情况可以由公司员工进行互评。

（3）指导教师在模拟公司运营中担任引导者和监督者，对刚进模拟公司的学生进行理论和实践的引导，中后期结合企业的实践经营状况对学生进行指导和评价。在模拟公司运营当中，教师需要监督公司的运营是否符合相关法律法规和操作规范。

2."论坛+讲座+项目"交流展示中心

为了促进大学生创新创业训练项目的实施和成果交流，建立创新创业论坛、讲座以及创新创业项目的交流展示中心，以便学生能够从优秀的"双创"型人才身上学到创新思维和创业经验等。

(1)举办线上创新创业论坛。创新创业论坛起到一个相互交流、展示的作用，学生在论坛上交流创新思想、创业经历、展示自己的成果等，起到相互促进的作用。每届论坛可以设置不同的主题，吸引广大不同专业学生的关注，扩大研究讨论的范围，至少邀请一位成功自主创业的企业家或国内外领域的知名学者作为特邀嘉宾，为学生搭建一个信息化的创新创业网上交流展示平台。

(2)定期举办讲座。邀请参加过创新创业训练项目或校企合作实践项目的学生，请他们对所取得的成绩以及成功的经验进行分享。不定期邀请知名校友、国内外领域知名专家、自主创业人士开展有关创新创业思维、意识培养以及创业能力的专题讲座，并分享相关的经验。邀请政府、龙头企业等专家对国家创业法规和相关政策进行介绍讲解。

(3)搭建项目展示平台。选取校企合作实践和竞赛等的研究成果进行展示，设置"十佳创业明星奖"，邀请学生参观并选出自己所倾向的创新创业成果。学生在参与创新创业活动的过程中获得成就感，进而营造浓厚的校园创新创业氛围。

(三)以赛激创，完善学科竞赛机制

近年来，各类学科竞赛蓬勃发展，创新创业竞赛是培养"双创"型人才不可或缺的中心环节，它能把创新创业理论教学、训练体系与实践结合起来，向前衔接创新创业思维、能力和训练，向后推动竞赛的优秀成果应用到实践当中去。

1.规范竞赛机制，建立激励制度

加强竞赛机制的规范程度，成立学科竞赛工作委员会，邀请创新创业学科指导教师担任负责人，并设置用于材料消耗、竞赛报名、集中培训、运营管理、刊物印刷等各类活动的竞赛经费。学科竞赛委员会可以向下细分为校、院两级小组，两级小组负责各类竞赛活动的开展和推进，由教务处、学工处、创新创业中心组成，而院级小组包括各院级学术委员会和团委，主要负责竞赛活动的组织和实施，实现学科竞赛的规范化。随着竞赛机制的不断规范，需要建立奖励制度，以便进一步提高学生参赛的积极性。

(1)设置学分奖励。将各类学科竞赛纳入素质拓展体系,并根据比赛的类型、难易程度以及竞赛层次设置0.5~3.0个学分。竞赛获得的学分可以替换学生毕业所需的学分要求,以便减轻参与学科竞赛学生的学业压力。

(2)增加竞赛奖励金额。对学科竞赛工作委员会的工作进行绩效考核,以院为单位设置优秀组织奖,向优秀的指导教师颁发优秀指导教师奖。给予竞赛获奖者和有科研成果的学生一定的奖励,科研成果的范围包括论文、著作、专利等,而在高层次竞赛中获得特等奖、金奖的学生给予推研名额并参评国家级奖学金。

2. 明确主体,以竞赛为导向

根据本科生不同的学习阶段和学习特点,为学生提供不同的竞赛类型。高校需要根据竞赛的类型以及文理科竞赛的差异性,整合学校的设备和资源,提供实验室、图书等资源,实现优质资源的共享。学生可根据比赛要求自由组成队伍,自行选择感兴趣的方向和领域,针对存在的问题及时与指导教师交流,并采取有效措施。团队内部和团队之间相互交流,提高学生参加竞赛的积极性,促进学生创新创业思维的发展和能力的提升。

(四)以践驱创,奠定创业基础

1. 自主创业、自负盈亏

该实战模式是由在校学生以“自组团队、自主经营、自负盈亏”的方式创业,以盈利为目的,做到最真实的创新创业。学生自主创业常见的方式是学生团队自己成立公司,自行注册并承担风险。学生自主注册公司的资本大多在10万~50万元,属于小型企业。由于大学生的融资渠道单一且风险抵抗系数低,所以该种创业模式带来的挑战巨大,但经验、体验感和成就感也是无可比拟的。学生在亲身实战过程中锤炼创业意志与创业品质,增加创业经验,提升创业思维和承受能力,最终有机会转化成适应市场环境的创业行动。高校可以在完善大学生融资平台和加强知识产权教育两方面为学生提供支持。

(1)完善大学生融资平台。对于创业学生而言,资金的支持非常重要,而学校缺乏对学生创业融资方面的指导,学生融资渠道单一。为此,可利用商业银行贷款,引导高新技术企业的投资,加大政府支持基金的投入以及理财基金的投入,扩大学生的融资宽度;此外可增加风险投资机制,与创业咨询、律师事务、税务机构等建立合作，提高学生创业公司的风险抵抗力，加强学生的融资深度。

（2）加强知识产权教育。大学生创业是一条“以智力换资本”的特色之路，知识产权的保护必不可少。高校可以以讲座的形式邀请知识产权的相关专家、专利商标公司负责人参加，以帮助学生减少创业的风险。

2. 校内“孵化”，共同经营

共同经营实战模式是由高校和学生合作，高校将业务委托或承包给学生团队经营的一种学生创业方式。此模式的可行度较高、业务稳定，更重要的是为学生提供了一个学习企业经营管理经验和锻炼创业能力的机会。校内“孵化”模式的重点不在于利益分配，而在于人才、知识、技术、平台等资源的共享。如“菜鸟驿站”作为校园快递的存放点，基于巨大而又集中的客户群体，向来是商家必争之地，越来越多的大学生也将创业方向对准了“校园菜鸟驿站”。为此，高校、学生团队和第三方物流可共同合作，提供代收包裹、寄快递等业务实现盈利。

（1）发挥学生主体作用。对于共同经营的实战业务，应以学生团队为主体，高校提供平台和机会。学生不仅要负责经营管理，还要承担基础的业务工作，形成以老带新的模式。学生在经营管理的过程中可以实践创业理论、锻炼操作能力、积累创业经验、提高交流能力，为未来的创业实战奠定基础。

（2）避免学生专业限制。积极引导非相关专业的学生参加各类创业实战，鼓励不同专业背景的学生相互合作，如与经济管理类关联度高的业务，像电商平台、校园超市、仓储物流等，也可允许理工类等其他专业的学生参与其中。如美国斯坦福大学有由学校提供平台、学生创立和管理的创业加速器，与硅谷生态系统联系起来，提供指导、资源、战略等服务。

三、“课－研－践－赛”四位一体模式的意义

创新创业教育对创新型国家的发展和经济结构的优化具有重要意义，而高校作为培养“双创”型人才不可或缺的平台，正在逐步推进“双创”教育，不仅体现在创新创业理论课程的全面开设，也体现在实践教学的逐步发展过程中。当前，高校在“双创”型人才培养模式中的问题，反映在专业课程与创新创业课程融合度不高、实践教学平台资源不足、竞赛组织思路不够清晰、创新创业教育效果不理想等方面。基于此，本书提出“课－研－践－赛”四位一体“双创”型人才培养模式，将“专创”课程的学习、创新创业训练、学科竞赛和创业实战有机结合。从理论知识和实践知识的学习到创新创业训练体系，再过渡到大学生学科竞赛，并对竞赛的

成果加以运用,直至推动学生实施创业实践。该模式有效指导并促进了学生的创新意识的形成、创业能力的锻炼并增进了实战经验的积累。该模式仍需要在未来的实践中进一步检验与完善,力争取得更具有建设性的成果,为国家高等教育事业做出贡献。

第三章　大学生创新创业训练计划项目的全过程管理

第一节　大学生创新创业训练计划项目概况

一、项目概述

大学生创新创业训练计划项目是培养大学生创新创业能力的重要举措，是高校创新创业教育体系的重要组成部分，是深化创新创业教育改革的重要载体。大学生创新创业训练计划项目的实施，旨在探索并建立以问题和课题为核心的教学模式，倡导以本科学生为主体的创新创业教育改革，使其尽早接触临床与社会实践、参与科研训练，调动学生的主动性、积极性和创造性，激发学生的创新精神、创业精神和实践能力，逐渐掌握分析和解决问题的方法，提高其综合实践能力和研究创新能力。

"大学生创新创业训练计划"坚持以学生为中心的理念，严格遵循"兴趣驱动、自主实践、重在过程"的原则，按照"自主选题、自主设计、自主实验、自主管理"的要求，通过"自由申请、公开立项、择优资助、规范管理"的程序，以项目为研究载体，以学生为主体，注重研究过程训练，使学生的实践能力、创新精神和创业精神得到不断增强，人才培养质量得到不断提高。

二、项目分类

大学生创新创业训练计划围绕经济社会发展和国家战略需求，重点支持直接面向大学生的内容新颖、目标明确、具有一定创造性和探索性、技术或商业模式有所创新的训练和实践项目。

（一）项目类型

"大学生创新创业训练计划"实行项目式管理，内容包括创新训练项目、创业训练项目和创业实践项目三类。

(1)创新训练项目是本科生个人或团队在导师指导下,自主完成创新性研究项目设计、实施、报告撰写、成果(学术)交流等工作。

(2)创业训练项目是本科生团队在导师指导下,团队中每个学生在项目实施过程中扮演一个或多个具体角色,完成商业计划书编制、可行性研究、企业模拟运行、创业报告撰写等工作。

(3)创业实践项目是学生团队在学校导师和企业导师共同指导下,基于前期创新创业训练项目的成果,开发具有市场前景的创新性产品或者服务,开展创业实践活动。

(二)项目类别

(1)一般项目:按每年惯例申报的国创计划项目,推荐数额不超过省级大学生创新创业训练计划项目的1/3。

(2)重点支持领域项目:为2021年起新增项目,推荐数额不超过上一年度国创(国家级大学生创新创业训练计划)计划立项项目总数的2%。旨在鼓励引导大学生根据国家经济社会发展和重大战略需求,结合创新创业教育发展趋势,在重点领域和关键环节取得突出创新创业成果。视项目进展情况,优先邀请参加全国大学生创新创业年会。

三、项目经费

依据《国家级大学生创新创业训练计划管理办法》要求,各地各高校要对国创计划项目加大经费支持力度,创新训练项目和创业训练项目平均支持经费不低于2万元/项,创业实践项目平均支持经费不低于10万元/项,重点支持领域项目平均支持经费原则上不低于同类型其他国创计划项目支持经费的2倍。高校可根据学科专业特点,确定项目资助额度标准。

四、组织实施

中央部委所属高校直接向教育部提交工作方案,非教育部直属的中央部委所属高校同时报送其所属部委教育司(局)。地方教育行政部门将推荐的地方所属高校的工作方案汇总后,一并提交给教育部。教育部组织专家论证,通过论证后即可实施。

各高校制定本校大学生创新创业训练计划学生项目的管理办法。规范项目申请、项目实施、项目变更、项目结题等事项的管理,建立质量监控机制,对项目申报、实施过程中弄虚作假、工作无明显进展的学生要及时终止其项目运行。

各高校在公平、公开、公正的原则下，自行组织学生项目评审，报教育部备案并对外公布。项目结束后，由学校组织项目验收，并将验收结果报教育部。验收结果中，必需材料为各项目的总结报告，补充材料为论文、设计、专利以及相关支撑材料。教育部将在指定网站公布项目的总结报告。

国家级大学生创新创业训练计划项目面向本科生申报，原则上要求项目负责人在毕业前完成项目。创业实践项目负责人毕业后可根据情况更换负责人，或是在能继续履行项目负责人职责的情况下，以大学生自主创业者的身份继续担任项目负责人。创业实践项目结束时，要按照有关法律法规和政策妥善处理各项事务。

中央财政支持国家级大学生创新创业训练计划的资金，按照财政部、教育部《十二五期间高等学校本科教学质量和教学改革工程专项资金管理办法》（另行制订）进行管理。各高校参照制订相应的专项资金管理办法，负责创新创业训练计划项目经费使用的管理。项目经费由承担项目的学生使用，教师不得使用学生项目经费，学校不得截留和挪用，不得提取管理费。

教育部对各高校实施国家级大学生创新创业训练计划进行整体评价。每年组织一次分组评价，根据评价结果，适度增减下一年度的项目数。

第二节　大学生创新创业训练计划项目立项书撰写

一、大学生创新创业训练项目申报书类别

大创项目申报书主要分为三类，创新训练项目申报书、创业训练项目申报书、创业实践项目申报书。申报书的封面包括项目编号、项目名称、项目负责人、联系电话、所在学院、学号、专业班级、指导教师、联系电话、申请日期、起止年月等。详见图3.1。

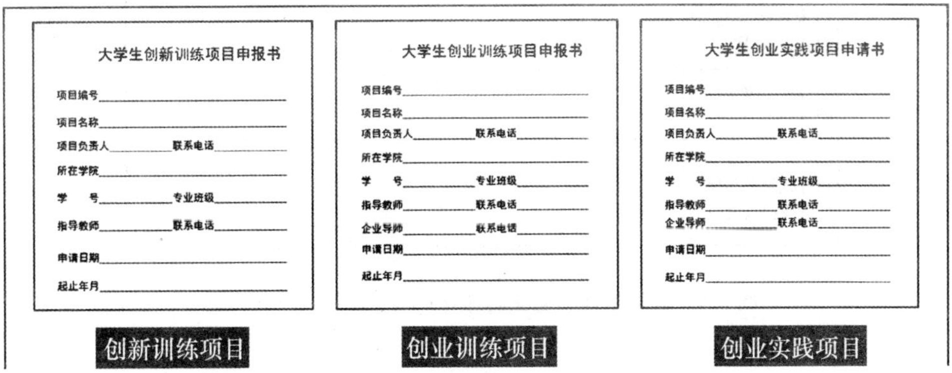
大学生创新训练项目申报书
项目编号______
项目名称______
项目负责人______联系电话______
所在学院______
学　　号______专业班级______
指导教师______联系电话______
申请日期______
起止年月______

大学生创业训练项目申报书
项目编号______
项目名称______
项目负责人______联系电话______
所在学院______
学　　号______专业班级______
指导教师______联系电话______
企业导师______联系电话______
申请日期______
起止年月______

大学生创业实践项目申请书
项目编号______
项目名称______
项目负责人______联系电话______
所在学院______
学　　号______专业班级______
指导教师______联系电话______
企业导师______联系电话______
申请日期______
起止年月______

图3.1　大学生创新创业训练计划项目申报书类别

二、大学生创新创业训练计划项目申报书撰写内容

大学生创新创业训练计划项目申报书撰写内容包括项目基本情况、立项依据、经费预算、指导教师意见、院系大学生创新创业训练计划专家组意见、学校大学生创新创业训练计划专家组意见等。详见图 3.2。

<table>
<tr><td colspan="12">一、项目基本情况</td></tr>
<tr><td>项目名称</td><td colspan="11"></td></tr>
<tr><td>项目期限</td><td colspan="11">一年期/二年期</td></tr>
<tr><td>起止时间</td><td colspan="11">年　　月至　　年　　月</td></tr>
<tr><td>所属专业类</td><td colspan="11"></td></tr>
<tr><td>姓名</td><td>性别</td><td>学号</td><td>民族</td><td>出生年月</td><td>所在学院</td><td>专业班级</td><td>联系电话</td><td>手机</td><td>E-mail</td><td>项目中的分工</td><td>是否负责人</td></tr>
<tr><td></td><td></td><td></td><td></td><td></td><td></td><td></td><td></td><td></td><td></td><td></td><td></td></tr>
<tr><td></td><td></td><td></td><td></td><td></td><td></td><td></td><td></td><td></td><td></td><td></td><td></td></tr>
<tr><td></td><td></td><td></td><td></td><td></td><td></td><td></td><td></td><td></td><td></td><td></td><td></td></tr>
<tr><td></td><td></td><td></td><td></td><td></td><td></td><td></td><td></td><td></td><td></td><td></td><td></td></tr>
<tr><td colspan="2">指导教师姓名</td><td colspan="3">单位</td><td colspan="3">职称/职务</td><td colspan="2">手机</td><td colspan="2">E-mail</td></tr>
<tr><td colspan="2"></td><td colspan="3"></td><td colspan="3"></td><td colspan="2"></td><td colspan="2"></td></tr>
<tr><td colspan="2"></td><td colspan="3"></td><td colspan="3"></td><td colspan="2"></td><td colspan="2"></td></tr>
<tr><td colspan="2">项目简介(200字以内)</td><td colspan="10"></td></tr>
<tr><td colspan="2">负责人曾经参与科研的情况</td><td colspan="10"></td></tr>
<tr><td colspan="2">指导教师承担科研课题情况</td><td colspan="10"></td></tr>
<tr><td colspan="2">指导教师对本项目的支持情况</td><td colspan="10"></td></tr>
</table>

图 3.2　大学生创新创业训练计划项目申报书撰写内容

二、立项依据(可加页)
(一)研究目的   (二)研究内容   (三)国内外研究现状和发展动态   (四)创新点与项目特色   (五)技术路线、拟解决的问题及预期成果   (六)项目研究进度安排   (七)已有基础 1.与本项目有关的研究积累和已取得的成绩 2.已具备的条件，尚缺少的条件及解决方法

续图

三、经费预算(单位:元)

财政拨款	学校拨款	申请金额合计

开支科目	预算经费	主要用途	阶段下达经费计划(元)	
			前半阶段	后半阶段
1.业务费				
(1)计算、分析、测试费				
(2)能源动力费				
(3) 会议、差旅费				
(4) 文献检索费				
(5)论文出版费				
2.仪器设备购置费				
3.实验装置试制费				
4.材料费				

四、指导教师意见

导师(签章):

年　月　日

续图

五、院系大学生创新创业训练计划专家组意见
专家组组长(签章): 年 月 日
六、学校大学生创新创业训练计划专家组意见
负责人(签章): 年 月 日

续图

三、大学生创新创业训练计划项目申报书立项依据部分撰写内容

大学生创新创业训练计划项目申报书中,立项依据部分撰写内容是申报书的重点,在这三个类别中,创新训练项目,大多以科研项目为主,就是项目还在研究阶段;创业训练项目,就是项目成果转化成产品,准备投入市场运作阶段;创业实践,就是已经成立公司,真正进行产品的生产和销售等阶段。三个类别项目立项

依据部分撰写内容的差异详见图3.3。

创新训练项目	创业训练项目	创业实践项目
(一)研究目的 (二)研究内容 (三)国内外研究现状和发展动态 (四)创新点与项目特色 (五)技术路线、拟解决的问题及预期成果 (六)项目研究进度安排 (七)已有基础	(一)项目来源 (二)行业及市场前景 (三)创新点与项目特色 (四)生产或运营 (五)投融资方案 (六)管理模式 (七)风险预测及应对措施 (八)效益预测	(一)实体运行机构名称或公司注册名称 (二)创业计划书摘要 (三)项目背景 (四)行业及市场前景 (五)产品技术或服务内容 (六)商业模式 (七)团队组建 (八)财务情况 (九)预期效益分析 (十)投融资计划 (十一)风险防范
研究阶段	有产品雏形阶段	公司运营阶段

图3.3　三个类别项目立项依据部分撰写内容的差异

四、大学生创新创业训练计划项目申报书内容要点

(1)格式规范。在撰写项目申报书的时候,要求书写格式要规范,字体大小要统一,在撰写国内外研究现状的时候,需在其后附加参考文献等。

(2)内容创新。项目应依据自身研究的内容,凝练创新点,并通过对比的方式,用图表或数据等凸显项目的创新性。

(3)思路清晰。项目的技术路线图,需要翔实地描画,而不是简易地用文字来表达。项目的进展情况,需要明确的用时间来进行展现,时间需具体到日期。预期成果需明确,比如发表论文、专利等其他成果转化实物。

(4)基础扎实,在已有基础上,可介绍项目的软硬件、前期已完成的研究、优势平台支撑、师生团队优势、获得的奖项和荣誉等,已有基础体现了项目有能力按时完成预期的研究成果,达到最终研究的目的。内容要点详见图3.4。

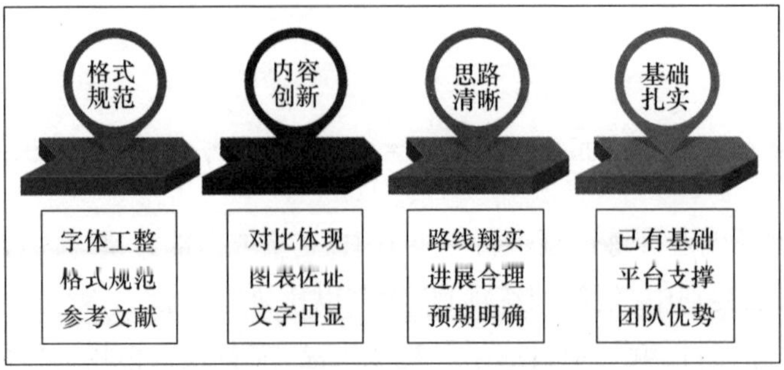

图3.4　大学生创新创业训练计划项目申报书内容要点

第三节　大学生创新创业训练计划项目过程管理

大学生创新创业训练计划项目的成果既要满足时代发展需求与社会需求，又要达到学校规范和个人目标，因此，社会、学校、个人都应当参与项目质量的管理工作。学校对大创项目质量的管理不能只注重结项的检查，而是应关注项目形成过程的各个环节的工作质量，强调在项目申请、立项、中期、结项每一个环节中进行跟踪监管。

一、强化申报与立项管理

申报与立项是大学生创新创业训练计划项目管理机制中的首要环节，特别是高校强调以学生自主设计和选题为主，申报和立项显得尤为重要，是提高大创项目质量的重要举措。首先，高校在组织大学生创新创业训练计划项目时应提供相应的标准与样板，并且根据当前社会和技术的发展组织专家学者形成详细的申请指南，对申报大学生创新创业训练计划项目的团队进行必要的引导。其次，选题的过程。高校鼓励学生与指导教师进行科研合作，结合指导教师的科研项目、学术以及教学经验，倡导大学生创新创业训练计划项目成员跨专业、跨年级组建，争取指导教师与学生团队商量出合适的选题。最后，选题申报阶段。指导教师应指导学生进行必要的文献调查与项目论证，对项目提出具体修改意见，要求学生及时进行修改。学校对中报项目应进行评审，包括学院初评与学校专家组评审两个环节，评审结果应及时公开，评审结果较差的项目要求及时与指导教师沟通进行修改，择期重新进行评审。

二、落实中期审查

项目指导教师与高校相关部门应实际落实中期审查制度，加强对学生项目工作的中期考核。项目批准立项后，项目负责人应按照项目相关要求启动项目，在教师指导下撰写项目过程记录和中期审查报告。并且，高校对项目实施情况要进行实时追踪，项目实施过程较慢的项目，高校要采取相关措施进行督促。与此同时，指导教师应定期开展交流活动，检查学生的项目执行情况，共同讨论项目过程中的问题和进展，发挥团队精神来解决问题。除此之外，指导教师要承担起监督项目按时按质完成的工作，及时发现进程较慢的项目，尽快帮助团队解决项目中出现的困难，促进项目顺利地进行到下一阶段，降低项目中期未通过的数量。针对项目团队中有其他不可抗原因要求放弃的项目,不能自行放弃项目,必须由指导教师签字同意后,向学校上交项目总结报告。未获得指导教师同意和无故不上交报告自行放弃项目的团队,在全校范围内进行通报批评。

三、项目评审与结项

大学生创新创业训练计划项目的评审与结项制度是保证大学生创新创业训练计划项目质量的最后一道关卡,高校应建立严格的评审与结项制度。虽然依据申请可以将项目分为国家、省级、校级三个级别,但这不代表最后完成的成果一定能够体现出项目的等级。因此,应当对大创项目质量进行限定,鼓励学生发表高质量的论文,不能仅停留在为结项而发表论文的阶段。同时,结项时项目团队应当提交结项成果报告、结项表以及项目研究成果的对应佐证资料。除此之外,对于项目实施过程中出现的问题与心得也要及时进行整理,项目结项时一起提交。除了对学生进行结项考核外,也要对指导教师进行考核,考核的标准应以项目完成质量以及水平来评定,而不是以等级来评定。

第四章 “互联网+”大学生创新创业大赛项目的筹备与指导

第一节 “互联网+”大学生创新创业大赛项目前期指导

一、“互联网+”大学生创新创业大赛备赛工作

(1)将大赛理念融入校园文化氛围,全面打造创新创业校园文化氛围,将“互联网+”大学生创新创业大赛与大学生创新创业训练计划项目、“挑战杯”全国大学生课外学术科技作品竞赛、“创青春”全国大学生创业大赛等各类创新创业竞赛相融合。通过充分挖掘经典优秀项目、创业故事激励学生参与到竞赛当中来。

(2)构建创新创业课程体系,将创新创业教育融入专业教育全过程,面向全体学生开设“大学生创新基础”“大学生创业基础”等创新创业必修课,培养大学生创新创业意识。同时有针对性地开设创新创业类任意选修课。针对“互联网+”大学生创新创业大赛,积极组织训练营,充分挖掘项目来源,并围绕大赛项目流程针对性开展路演活动以强化学生在 PPT 制作和路演展示方面的能力。

(3)组建双师团队搭建专业教师和企业导师双师团队。引导各专业教师积极开展创新创业教育方面的理论研究和实践研究,将创新创业教育理念融入专业教育过程中。依托专业教师的学术科研成果,为优秀项目提供技术支持。同时注重改变专业教师的教学思维,引导专业教师在专业授课过程中引入创新创业思维模式。企业导师为学生进行针对性创业指导,以不定期组织创业论坛、沙龙等活动进行创新创业交流和实践。

(4)创业指导服务平台充分利用现代信息技术搭建大学生创新创业教育平台。整合各部门创新创业教育资源机制,依托各相关职能部门,面向学生,实现“创新创业教育、创新创业实践、创业孵化”三位一体的服务网络,面向教师,实现“教育理念、教育方法、教育能力”全力提升。组织专兼职创新创业导师队伍实现创新创业培训实训、创新创业大赛、项目孵化和扶持服务保障,支持在校大学生参与创新创业。保障大赛项目成果在竞赛结束后的产品迭代及持续成长。

二、项目来源

项目来源主要有以下类别。科技成果转化项目，是最容易出成绩的类别；产教融合项目，就是学校和一些企业合作的项目。还有一个类别，就是社会公益需求的项目，比如医学院校的艾滋病调查、心理干预、健康教育、养老服务等，都基本属于这个类别。详见表4.1。

表4.1 "互联网+"大学生创新创业大赛主要项目类别

1.学生自发项目	7.校友项目
2.科技成果转化项目	8.一带一路项目
3.产教融合项目	9.传统电商项目
4.学校优势或特色学科项目	10.家族产业项目
5.社会公益需求项目	11.政府公共采购项目
6.互联网新技术项目	

三、参加人员选择

团队人员可以是学生群体中自发创业的学生、团体，但是更好的配比，应该是根据学生特点来特意配置学生团队，可以包括一些社团负责人、演讲能力强、学科技术强、PPT和视频制作能力强的同学等。特别注意的是，如果想让项目有更好的发展，团队里面最好配备一个演讲能力强、形象气质佳的同学，这样在后面的现场路演和答辩的时候，选手能够更清晰地把项目的优势展现出来。人员选择详见图4.1。

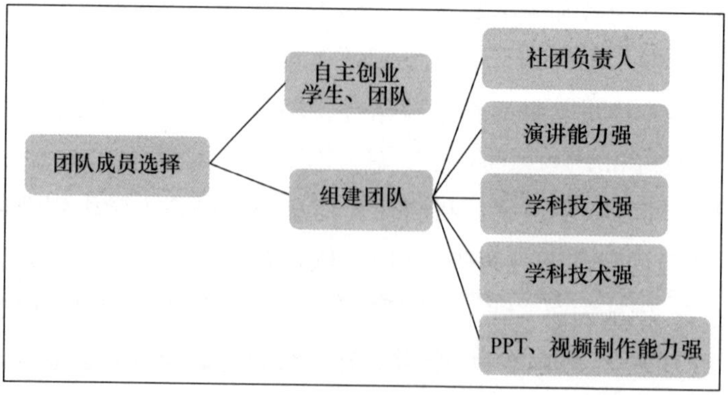

图4.1 "互联网+"大学生创新创业大赛团队成员的选择

四、项目选择依据

项目选择的依据有政策支持，有落地可能，有扩展趋势，有核心优势，有销售实力。详见图4.2。

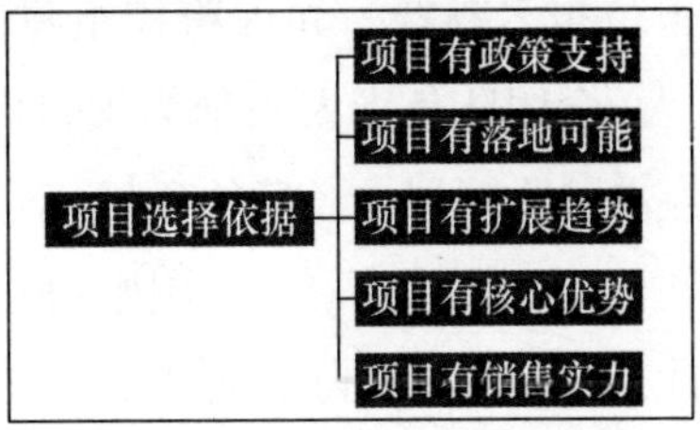

图4.2 “互联网+”大学生创新创业大赛项目选择依据

第二节 “互联网+”大学生创新创业大赛赛道分类

“互联网+”大学生创新创业大赛分为三个赛道，分别是高教主赛道、“青年红色筑梦之旅”赛道和职教赛道。

一、高教主赛道

（一）参赛项目类型

（1）新工科类项目：大数据、云计算、人工智能、区块链、虚拟现实、智能制造、网络空间安全、机器人工程、工业自动化、新材料等领域，符合新工科建设理念和要求的项目。

（2）新医科类项目：现代医疗技术、智能医疗设备、新药研发、健康康养、食药保健、智能医学、生物技术、生物材料等领域，符合新医科建设理念和要求的项目。

（3）新农科类项目：现代种业、智慧农业、智能农机装备、农业大数据、食品营养、休闲农业、森林康养、生态修复、农业碳汇等领域，符合新农科建设理念和要求的项目。

（4）新文科类项目：文化教育、数字经济、金融科技、财经、法务、融媒体、翻译、旅游休闲、动漫、文创设计与开发、电子商务、物流、体育、非物质文化遗产保护、社会工作、家政服务、养老服务等领域，符合新文科建设理念和要求的项目。

参赛项目团队应认真了解和把握“四新”发展要求，结合以上分类及项目实际，合理选择参赛项目类别。参赛项目不只限于“互联网 +”项目，鼓励各类创新创业项目参赛，根据“四新”建设内涵和产业发展方向选择相应类型。

（二）参赛方式和要求

（1）本赛道以团队为单位报名参赛。允许跨校组建参赛团队，每个团队的成员不少于 3 人，不多于 15 人（含团队负责人），须为项目的实际核心成员。参赛团队所报参赛创业项目，须为本团队策划或经营的项目，不得借用他人项目参赛。

（2）按照参赛学校所在的国家和地区，分为中国大陆参赛项目、中国港澳台地区参赛项目、国际参赛项目三个类别。国际参赛项目和中国港澳台地区参赛项目可根据当地教育情况适当调整学籍和学历的相关参赛要求。

（3）所有参赛材料和现场答辩原则上使用中文或英文，如有其他语言需求，请联系区赛组委会。

（三）参赛组别和对象

根据参赛申报人所处学习阶段，项目分为本科生组、研究生组。根据所处创业阶段，本科生组和研究生组均内设创意组、初创组、成长组，并按照新工科、新医科、新农科、新文科设置参赛项目类型。

具体参赛条件如下。

1. 本科生组

（1）创意组。

①参赛项目具有较好的创意和较为成型的产品原型或服务模式，在国赛通知下发之日前尚未完成工商等各类登记注册。

②参赛申报人须为项目负责人，项目负责人及成员均须为普通高等学校全日制在校本专科生（不含在职教育）。

③学校科技成果转化项目不能参加本组比赛（科技成果的完成人、所有人中参赛申报人排名第一的除外）。

（2）初创组。

①参赛项目工商等各类登记注册未满 3 年。

②参赛申报人须为项目负责人且为参赛企业法定代表人，须为普通高等学校全日制在校本专科生（不含在职教育），或毕业 5 年以内的全日制本专科学生（不含在职教育）。企业法定代表人在国赛通知发布之日后进行变更的不予认可。

③项目的股权结构中，企业法定代表人的股权不得少于1/3，参赛团队成员股权合计不得少于51%。

(3)成长组。

①参赛项目工商等各类登记注册3年以上。

②参赛申报人须为项目负责人且为参赛企业法定代表人，须为普通高等学校全日制在校本专科生(不含在职教育)，或毕业5年以内的全日制本专科学生(不含在职教育)。企业法定代表人在国赛通知发布之日后进行变更的不予认可。

③项目的股权结构中，企业法定代表人的股权不得少于10%，参赛团队成员股权合计不得少于1/3。

2. 研究生组

(1)创意组。

①参赛项目具有较好的创意和较为成型的产品原型或服务模式，在国赛通知下发之日前尚未完成工商等各类登记注册。

②参赛申报人须为项目负责人，须为普通高等学校全日制在校研究生。项目成员须为普通高等学校全日制在校研究生或本专科生(不含在职教育)。

③学校科技成果转化项目不能参加本组比赛(科技成果的完成人、所有人中参赛申报人排名第一的除外)。

(2)初创组。

①参赛项目工商等各类登记注册未满3年。

②参赛申报人须为项目负责人且为参赛企业法定代表人，须为普通高等学校全日制在校研究生，或毕业5年以内的全日制研究生学历学生。企业法定代表人在国赛通知发布之日后进行变更的不予认可。

③项目的股权结构中，企业法定代表人的股权不得少于1/3，参赛团队成员股权合计不得少于51%。

(3)成长组。

①参赛项目工商等各类登记注册3年以上。

②参赛申报人须为项目负责人且为参赛企业法定代表人，须为普通高等学校全日制在校研究生，或毕业5年以内的全日制研究生学历学生。企业法定代表人在国赛通知发布之日后进行变更的不予认可。

③项目的股权结构中，企业法定代表人的股权不得少于10%，参赛团队成员股权合计不得少于1/3。

二、“青年红色筑梦之旅”赛道

“青年红色筑梦之旅”赛道分为公益组、创意组、创业组。参加“青年红色筑梦之旅”活动的项目，符合大赛参赛要求的，可自主选择参加“青年红色筑梦之旅”赛道或其他赛道比赛（只能选择参加一个赛道）。本赛道单列奖项、单独设置评审指标。

（一）参赛项目要求

（1）参加“青年红色筑梦之旅”赛道的项目应符合区赛参赛项目要求，同时在推进农业农村、城乡社区经济社会发展等方面有创新性、实效性和可持续性。

（2）以团队为单位报名参赛。允许跨校组建团队，每个团队的参赛成员不少于3人，不多于15人（含团队负责人），须为项目的实际核心成员。参赛团队所报参赛创业项目，须为本团队策划或经营的项目，不得借用他人项目参赛。

（3）参赛申报人须为项目负责人，须为普通高等学校全日制在校生（包括本专科生、研究生，不含在职教育），或毕业5年以内的全日制学生（不含在职教育）；国家开放大学学生（仅限学历教育），企业法定代表人在国赛通知发布之日后进行变更的不予认可。

（二）参赛组别和对象

参加“青年红色筑梦之旅”赛道的项目，须为参加“青年红色筑梦之旅”活动的项目。否则一经发现，取消参赛资格。根据项目性质和特点，分为公益组、创意组、创业组。

1. 公益组

（1）参赛项目不以营利为目标，积极弘扬公益精神，在公益服务领域具有较好的创意、产品或服务模式的创业计划和实践。

（2）参赛申报主体为独立的公益项目或社会组织，注册或未注册成立公益机构（或社会组织）的项目均可参赛。

2. 创意组

（1）参赛项目基于专业和学科背景或相关资源，解决农业农村和城乡社区发展面临的主要问题，助力乡村振兴和社区治理，推动经济价值和社会价值的共同发展。

(2)参赛项目在国赛通知下发之日前尚未完成工商等各类登记注册。

3. 创业组

(1)参赛项目以商业手段解决农业农村和城乡社区发展面临的主要问题、助力乡村振兴和社区治理,实现经济价值和社会价值的共同发展,推动共同富裕。

(2)参赛项目在国赛通知下发之日前已完成工商等各类登记注册,学生须为法定代表人。项目的股权结构中,企业法定代表人的股权不得少于10%,参赛成员股权合计不得少于1/3。

三、职教赛道

(一)参赛项目类型

创新类:以技术、工艺或商业模式创新为核心优势。

商业类:以商业运营潜力或实效为核心优势。

工匠类:以体现敬业、精益、专注、创新为内涵的工匠精神为核心优势。

(二)参赛方式和要求

职业院校(包括职业教育各层次学历教育,不含在职教育)、国家开放大学学生(仅限学历教育)可以报名参赛。

(1)参加该赛道的项目应符合大赛参赛项目要求,同时在推进革命老区、贫困地区、城乡社区经济社会发展等方面有创新性、实效性和可持续性。

(2)以团队为单位报名参赛。允许跨校组建团队,每个团队的参赛成员不少于3人,原则上不多于15人(含团队负责人),须为项目的实际核心成员。参赛团队所报参赛创业项目,须为本团队策划或经营的项目,不得借用他人项目参赛。

(3)参赛申报人须为项目实际负责人,须为普通高等学校全日制在校生(包括本专科生、研究生,不含在职教育),或毕业5年以内的学生(不含在职教育)。企业法定代表人在国赛通知发布之日后进行变更的不予认可。

(三)参赛组别和对象

本赛道分为创意组与创业组。

1. 创意组

参赛项目具有较好的创意和较为成型的产品原型、服务模式或针对生产加工工艺进行创新的改良技术，在国赛通知下发之日前尚未完成工商等各类登记注册。参赛申报人须为团队负责人，须为职业院校的全日制在校学生或国家开放大学学历教育在读学生。

2. 创业组

参赛项目在国赛通知下发之日前已完成工商等各类登记注册，且公司注册年限不超过5年。参赛申报人须为企业法定代表人，须为职业院校全日制在校学生或毕业5年内的学生、国家开放大学学历教育在读学生或毕业5年内的学生。企业法人在国赛通知发布之日后进行变更的不予认可。已完成工商等各类登记注册的参赛项目的股权结构中，企业 法定代表人的股权不得少于10%，参赛成员合计不得少于1/3。学校科技成果转化的项目只能参加创业组（科技成果的完成人、所有人中参赛申报人排名第一的除外），允许将拥有科技成 果的教师的股权与学生所持股权合并计算，且股权不得少于51%（学生团队所持股权比例不得低于26%）。教师持股比例大于学生团队持股比例的项目，不能报名参加职教赛道，可参加高教主赛道师生共创组。

第三节　“互联网+”大学生创新创业大赛评审规则

一、高教主赛道项目评审要点：创意组

表4.2　高教主赛道项目评审要点（创意组）

评审要点	评审内容	分值
教育维度	1. 项目应弘扬正确的价值观，体现家国情怀，恪守伦理规范，有助于培育创新创业精神 2. 项目符合将专业知识与商业知识有效结合并转化为商业价值或社会价值的创新创业基本过程和基本逻辑，展现创新创业教育对创业者基本素养和认知的塑造力 3. 体现团队对创新创业所需知识（专业知识、商业知识、行业知识等）与技能（计划、组织、领导、控制、创新等）的娴熟掌握与应用，展现创新创业教育提升创业者综合能力的效力	30

续表 4.2

评审要点	评审内容	分值
教育维度	4. 项目应充分体现团队解决复杂问题的综合能力和高级思维；体现项目成长对团队成员创新创业精神、意识、能力的锻炼和提升作用 5. 项目能充分体现院校在新工科、新医科、新农科、新文科建设方面取得的成果；体现院校在项目的培育、孵化等方面的支持情况；体现多学科交叉、专创融合、产学研协同创新、产教融合等模式在项目的产生与执行中的重要作用	30
创新维度	1. 项目遵循从创意到研发、试制、生产、进入市场的创新一般过程，进而实现从创意向实践、从基础研发向应用研发的跨越 2. 团队能够基于学科专业知识并运用各类创新的理念和范式，解决社会和市场的实际需求 3. 项目能够从产品创新、工艺流程创新、服务创新、商业模式创新等方面着手开展创新创业实践，并产生一定数量和质量的创新成果以体现团队的创新力	20
团队维度	1. 团队的组成原则与过程是否科学合理；团队是否具有支撑项目成长的知识、技术和经验；是否有明确的使命愿景 2. 团队的组织构架、人员配置、分工协作、能力结构、专业结构、合作机制、激励制度等的合理性情况 3. 团队与项目关系的真实性、紧密性情况；对项目的各项投入情况；创立创业企业的可能性情况 4. 支撑项目发展的合作伙伴等外部资源的使用以及与项目关系的情况	20
商业维度	1. 充分了解所在产业（行业）的产业规模、增长速度、竞争格局、产业趋势、产业政策等情况，形成完备、深刻的产业认知 2. 项目具有明确的目标市场定位，对目标市场的特征、需求等情况有清晰的了解，并据此制定合理的营销、运营、财务等计划，设计出完整、创新、可行的商业模式，展现团队的商业思维 3. 项目落地执行情况；项目对促进区域经济发展、产业转型升级的情况；已有营利能力或营利潜力情况	20
社会价值维度	1. 项目直接提供就业岗位的数量和质量 2. 项目间接带动就业的能力和规模 3. 项目对社会文明、生态文明、民生福祉等方面的积极推动作用	10

二、高教主赛道项目评审要点:初创组、成长组

表 4.3　高教主赛道项目评审要点(初创组、成长组)

评审要点	评审内容	分值
教育维度	1. 项目应弘扬正确的价值观,体现家国情怀,恪守伦理规范,有助于培育创新创业精神 2. 项目符合将专业知识与商业知识有效结合并转化为商业价值或社会价值的创新创业基本过程和基本逻辑,展现创新创业教育对创业者基本素养和认知的塑造力 3. 体现团队对创新创业所需知识(专业知识、商业知识、行业知识等)与技能(计划、组织、领导、控制、创新等)的娴熟掌握与应用,展现创新创业教育提升创业者综合能力的效力 4. 项目应充分体现团队解决复杂问题的综合能力和高级思维;体现项目成长对团队成员创新创业精神、意识、能力的锻炼和提升作用 5. 项目能充分体现院校在新工科、新医科、新农科、新文科建设方面取得的成果;体现院校在项目的培育、孵化等方面的支持情况;体现多学科交叉、专创融合、产学研协同创新、产教融合等模式在项目的产生与执行中的重要作用	20
商业维度	1. 充分掌握所在产业(行业)的产业规模、增长速度、竞争格局、产业趋势、产业政策等情况;具有明确的目标市场定位,充分掌握目标市场的特征、需求等情况;具有完整、创新、可行的商业模式 2. 经营绩效方面,重点考察项目存续时间、营业收入(合同订单)现状、企业利润、持续营利能力、市场份额、客户(用户)情况、税收上缴、投入与产出比等情况 3. 经营管理方面,是否有清晰的企业发展目标;是否有完备的研发、生产、运营、营销等制度和体系;是否采用先进、科学的管理方法,以确保企业具有较强的竞争力 4. 成长性方面,是否有清晰、有效、全方位的企业发展战略,并拥有可靠的内外部资源(人才、资金、技术等方面)实现企业战略,以建立企业的持续竞争优势 5. 现金流及融资方面,关注项目融资情况、获取资金渠道情况、企业经营的现金流情况、融资需求及资金使用情况是否合理 6. 项目对促进区域经济发展、产业转型升级的情况	30

续表 4.3

评审要点	评审内容	分值
团队维度	1. 团队的组成原则与过程是否科学合理;团队是否具有独特的支撑项目成长的知识、技能、经验以及成熟的外部资源网络;是否有明确的使命愿景 2. 公司是否具有合理的组织构架、清晰的指挥链、科学的决策机制;是否有合理的岗位设置、分工协作、专业能力结构;是否有良好的内部沟通机制;是否有合理的股权结构、激励制度等 3. 团队对项目的各项投入情况及团队成员的稳定性情况 4. 支撑公司发展的合作伙伴等外部资源的使用以及与公司关系的情况	20
创新维度	1. 项目遵循从创意到研发、试制、生产、进入市场的创新一般过程,进而实现从创意向实践、从基础研发向应用研发的跨越 2. 团队能够基于专业知识并运用各类创新的理念和范式,解决社会和市场的实际需求 3. 项目能够从产品创新、工艺流程创新、服务创新、商业模式创新等方面着手开展创新实践,产生一定数量和质量的创新成果,获得相应的市场回报 4. 项目能够从创新战略、创新流程、创新组织、创新制度与文化等方面进行设计协同,对创新进行有效管理,进而保持公司的竞争力	20
社会价值维度	1. 项目直接提供就业岗位的数量和质量 2. 项目间接带动就业的能力和规模 3. 项目对社会文明、生态文明、民生福祉等方面的积极推动作用	10

三、“青年红色筑梦之旅”赛道项目评审要点:公益组

表 4.4 “青年红色筑梦之旅”赛道项目评审要点(公益组)

评审要点	评审内容	分值
教育维度	1. 项目应弘扬正确的价值观,体现家国情怀,恪守伦理规范,有助于培育创新创业精神	30

续表 4.4

评审要点	评审内容	分值
教育维度	2. 项目体现团队扎根中国大地了解国情民情，遵循发现问题、分析问题、解决问题的基本规律，将所学专业知识、技能和方法应用于解决各类社会问题，展现创新创业教育对创业者基本素养和认知的塑造力和提升创业者综合能力的效力 3. 项目应充分体现团队解决复杂问题的综合能力和高级思维；体现项目成长对团队成员创新创业精神、意识、能力的锻炼和提升作用 4. 项目能充分体现院校在新工科、新医科、新农科、新文科建设方面取得的成果；项目应充分体现专业教育、思政教育、创新创业教育的有机融合；体现院校在项目的培育、孵化等方面的支持情况	30
公益维度	1. 项目以社会价值为导向，以谋求公共利益为目的，以解决社会问题为使命，不以营利为目标，有一定公益成果 2. 在公益服务领域具有较好的创意、产品或服务模式的创业计划和实践，追求社会效益的最大化	10
团队维度	1. 团队的组成原则与过程是否科学合理；是否具有从事公益创业所需的知识、技术和经验；是否有明确的使命愿景 2. 团队内部的组织构架、人员配置、分工协作、能力结构、专业结构、激励制度的合理性情况；团队外部服务支撑体系完备（如志愿者团队等）、具有一定规模、实施有效管理使其发挥重要作用的情况 3. 团队与项目关系的真实性、紧密性情况；团队对项目的各项投入情况；团队的延续性或接替性情况 4. 支撑项目发展的合作伙伴等外部资源的使用以及与项目关系的情况	20
发展维度	1. 项目通过吸纳捐赠、获取政府资助、自营收等方式确保持续生存能力情况 2. 团队基于一定的产品、服务、模式，通过高效管理、资源整合、活动策划等运营手段，确保项目影响力与实效性 3. 项目对促进就业、教育、医疗、养老、环境保护与生态建设等方面的效果 4. 项目的模式可复制、可推广、具有示范效应 5. 项目对带动大学生到农村、城乡社区从事社会服务就业创业的情况	20

续表 4.4

评审要点	评审内容	分值
创新维度	1. 团队能够基于科学严谨的创新过程，遵循创新规律，运用各类创新的理念和范式，解决社会实际需求 2. 项目能够从产品创新、服务创新等方面着手开展公益创业实践，并产生一定数量和质量的创新成果 3. 鼓励将高校科研成果运用到公益创业中，以解决相应的社会问题	20
必要条件	参加由学校、省市或全国组织的“青年红色筑梦之旅”活动	

四、“青年红色筑梦之旅”赛道项目评审要点：创意组

表 4.5 “青年红色筑梦之旅”赛道项目评审要点(创意组)

评审要点	评审内容	分值
教育维度	1. 项目应弘扬正确的价值观，体现家国情怀，恪守伦理规范，有助于培育创新创业精神 2. 项目应体现团队扎根中国大地了解国情民情，遵循发现问题、分析问题、解决问题的基本规律，将所学专业知识、技能和方法应用于乡村振兴和农业农村现代化、城乡社区发展，展现创新创业教育对创业者基本素养和认知的塑造力和提升创业者综合能力的效力 3. 项目应充分体现团队解决复杂问题的综合能力和高级思维，体现项目成长对团队成员创新创业精神、意识、能力的锻炼和提升作用 4. 项目能充分体现院校在新工科、新医科、新农科、新文科建设方面取得的成果；项目充分体现专业教育、思政教育、创新创业教育的有机融合；体现院校在项目的培育、孵化等方面的支持情况	30
团队维度	1. 团队的组成原则与过程是否科学合理；团队是否具有支撑项目成长的知识、技术和经验；是否有明确的使命愿景 2. 团队的组织构架、人员配置、分工协作、能力结构、专业结构、合作机制、激励制度等的合理性情况 3. 团队与项目关系的真实性、紧密性情况；对项目的各项投入情况；创立创业企业的可能性情况 4. 支撑项目发展的合作伙伴等外部资源的使用以及与项目关系的情况	20

续表 4.5

评审要点	评审内容	分值
发展维度	1. 充分了解乡村振兴、农业农村现代化、城乡社区发展的内容和要求，了解其中的痛点、难点，进而形成对所要解决问题完备的认知 2. 在服务乡村振兴、农业农村现代化、城乡社区发展等方面有较好的创意、产品或服务模式，追求经济效益和社会效益的平衡 3. 项目对推动乡村振兴、农业农村现代化、城乡社区发展等方面的贡献度 4. 项目的持续生存能力，模式可复制、可推广、具有示范效应等	20
创新维度	1. 团队能够基于科学严谨的创新过程，遵循创新规律，运用各类创新的理念和范式，解决乡村振兴、农业农村现代化、城乡社区发展中遇到的各类问题 2. 项目能够从产品创新、服务创新等方面着手开展创新创业实践，并产生一定数量和质量的创新成果 3. 鼓励院校科研成果和文创成果在乡村或社区进行产业转化落地与实践应用 4. 鼓励组织模式或商业模式创新，鼓励资源整合优化创新	20
社会价值维度	1. 项目直接提供就业岗位的数量和质量 2. 项目间接带动就业的能力和规模 3. 项目对社会文明、生态文明、民生福祉等方面的积极推动作用	10
必要条件	参加由学校、省市或全国组织的“青年红色筑梦之旅”活动	

五、“青年红色筑梦之旅”赛道项目评审要点：创业组

表 4.6 “青年红色筑梦之旅”赛道项目评审要点（创业组）

评审要点	评审内容	分值
教育维度	1. 项目应弘扬正确的价值观，体现家国情怀，恪守伦理规范，有助于培育创新创业精神 2. 项目应体现团队扎根中国大地了解国情民情，遵循发现问题、分析问题、解决问题的基本规律，将所学专业知识、技能和方法应用于乡村振兴和农业农村现代化实践，展现创新创业教育对创业者基本素养和认知的塑造力和提升创业者综合能力的效力	20

续表 4.6

评审要点	评审内容	分值
教育维度	3. 项目充分体现团队解决复杂问题的综合能力和高级思维，体现项目成长对团队成员创新创业精神、意识、能力的锻炼和提升作用 4. 项目能充分体现院校在新工科、新医科、新农科、新文科建设方面取得的成果；项目充分体现专业教育、思政教育、创新创业教育的有机融合；体现院校在项目的培育、孵化等方面的支持情况	20
团队维度	1. 团队的组成原则与过程是否科学合理，团队成员的教育和工作背景、创新能力、价值观念、分工协作和能力互补情况，是否有明确的使命愿景 2. 公司是否具有合理的组织构架、清晰的指挥链、科学的决策机制；是否有合理的岗位设置、分工协作、专业能力结构；是否有良好的内部沟通机制；是否有合理的股权结构、激励制度 3. 团队对项目的各项投入情况及团队成员的稳定性情况 4. 支撑公司发展的合作伙伴等外部资源的使用以及与公司关系的情况	20
发展维度	1. 充分了解乡村振兴、农业农村现代化、城乡社区发展的内容和要求，了解其中的痛点、难点，进而形成对所要解决问题完备的认知 2. 在服务乡村振兴、农业农村现代化、城乡社区发展等方面有较好产品或服务模式，追求经济效益和社会效益的平衡 3. 项目通过商业方式推动乡村振兴、农业农村现代化、城乡社区发展等方面的贡献度 4. 项目的持续生存能力，模式可复制、可推广、具有示范效应等	30
创新维度	1. 团队能够基于科学严谨的创新过程，遵循创新规律，运用各类创新的理念和范式，解决乡村振兴、农业农村现代化、城乡社区发展中遇到的各类问题 2. 项目能够从产品创新、服务创新、组织创新等方面着手开展创新创业实践，并产生一定数量和质量的创新成果，获得相应的市场回报 3. 鼓励院校科研成果和文创成果在乡村或社区进行产业转化落地与实践应用	20

续表 4.6

评审要点	评审内容	分值
社会价值维度	1. 项目直接提供就业岗位的数量和质量 2. 项目间接带动就业的能力和规模 3. 项目对社会文明、生态文明、民生福祉等方面的积极推动作用	10
必要条件	参加由学校、省市或全国组织的“青年红色筑梦之旅”活动	

六、职教赛道项目评审要点:创意组

表 4.7　职教赛道项目评审要点(创意组)

评审要点	评审内容	分值
教育维度	1. 项目应弘扬正确的价值观,体现家国情怀,恪守伦理规范,有助于培育创新创业精神 2. 项目符合将专业知识与商业知识有效结合并转化为商业价值或社会价值的创新创业基本过程和基本逻辑,展现创新创业教育对创业者基本素养和认知的塑造力 3. 体现团队对创新创业所需知识(专业知识、商业知识、行业知识等)与技能(计划、组织、领导、控制、创新等)的娴熟掌握与应用,展现创新创业教育提升创业者综合能力的效力 4. 项目应充分体现团队解决复杂问题的综合能力和高级思维;体现项目成长对团队成员创新创业精神、意识、能力的锻炼和提升作用 5. 项目能充分体现院校在职业教育建设方面取得的成果;体现院校在项目的培育、孵化等方面的支持情况;体现多学科交叉、专创融合、产学研协同创新、产教融合等模式在项目的产生与执行中的重要作用	30
创新维度	1. 具有原始创意、创造 2. 具有面向培养“大国工匠”与能工巧匠的创意与创新 3. 项目体现产教融合模式创新、校企合作模式创新、工学一体模式创新 4. 鼓励面向职业和岗位的创意及创新,侧重于加工工艺创新、实用技术创新、产品(技术)改良、应用性优化、民生类创意等	20

续表 4.7

评审要点	评审内容	分值
团队维度	1. 团队的组成原则与过程是否科学合理;团队是否具有支撑项目成长的知识、技术和经验;是否有明确的使命愿景 2. 团队的组织构架、人员配置、分工协作、能力结构、专业结构、合作机制、激励制度等的合理性情况 3. 团队与项目关系的真实性、紧密性情况;对项目的各项投入情况;创立创业企业的可能性情况 4. 支撑项目发展的合作伙伴等外部资源的使用以及与项目关系的情况	20
商业维度	1. 充分了解所在产业(行业)的产业规模、增长速度、竞争格局、产业趋势、产业政策等情况,形成完备、深刻的产业认知 2. 项目具有明确的目标市场定位,对目标市场的特征、需求等情况有清晰地了解,并据此制定合理的营销、运营、财务等计划,设计出完整、创新、可行的商业模式,展现团队的商业思维 3. 其他:项目落地执行情况;项目对促进区域经济发展、产业转型升级的情况;已有盈利能力或盈利潜力情况	20
社会价值维度	1. 项目直接提供就业岗位的数量和质量 2. 项目间接带动就业的能力和规模 3. 项目对社会文明、生态文明、民生福祉等方面的积极推动作用	10

七、职教赛道项目评审要点:创业组

表 4.8　职教赛道项目评审要点(创业组)

评审要点	评审内容	分值
教育维度	1. 项目应弘扬正确的价值观,体现家国情怀,恪守伦理规范,有助于培育创新创业精神 2. 项目符合将专业知识与商业知识有效结合并转化为商业价值或社会价值的创新创业基本过程和基本逻辑,展现创新创业教育对创业者基本素养和认知的塑造力 3. 体现团队对创新创业所需知识(专业知识、商业知识、行业知识等)与技能(计划、组织、领导、控制、创新等)的娴熟掌握与应用,展现创新创业教育提升创业者综合能力的效力	20

续表 4.8

评审要点	评审内容	分值
教育维度	4. 项目应充分体现团队解决复杂问题的综合能力和高级思维；体现项目成长对团队成员创新创业精神、意识、能力的锻炼和提升作用 5. 项目能充分体现院校在职业教育建设方面取得的成果；体现院校在项目的培育、孵化等方面的支持情况；体现多学科交叉、专创融合、产学研协同创新、产教融合等模式在项目的产生与执行中的重要作用	20
商业维度	1. 充分掌握所在产业（行业）的产业规模、增长速度、竞争格局、产业趋势、产业政策等情况；具有明确的目标市场定位，充分掌握目标市场的特征、需求等情况；具有完整、创新、可行的商业模式 2. 经营绩效方面，重点考察项目存续时间、营业收入（合同订单）现状、企业利润、持续盈利能力、市场份额、客户（用户）情况、税收上缴、投入与产出比等情况 3. 经营管理方面，是否有清晰的企业发展目标；是否有完备的研发、生产、运营、营销等制度和体系；是否采用先进、科学的管理方法，以确保企业具有较强的竞争力 4. 成长性方面，是否有清晰、有效、全方位的企业发展战略，并拥有可靠的内外部资源（人才、资金、技术等方面）实现企业战略，以建立企业的持续竞争优势 5. 现金流及融资方面，关注项目融资情况、获取资金渠道情况、企业经营的现金流情况、融资需求及资金使用情况是否合理 6. 项目对促进区域经济发展、产业转型升级的情况	30
团队维度	1. 团队的组成原则与过程是否科学合理；团队是否具有独特的支撑项目成长的知识、技能、经验以及成熟的外部资源网络；是否有明确的使命愿景 2. 公司是否具有合理的组织构架、清晰的指挥链、科学的决策机制；是否有合理的岗位设置、分工协作、专业能力结构；是否有良好的内部沟通机制；是否有合理的股权结构、激励制度等 3. 团队对项目的各项投入情况及团队成员的稳定性情况 4. 支撑公司发展的合作伙伴等外部资源的使用以及与公司关系的情况	20

续表 4.8

评审要点	评审内容	分值
创新维度	1. 具有原始创意、创造 2. 具有面向培养“大国工匠”与能工巧匠的创意与创新 3. 项目体现产教融合模式创新、校企合作模式创新、工学一体模式创新 4. 鼓励面向职业和岗位的创意及创新，侧重于加工工艺创新、实用技术创新、产品（技术）改良、应用性优化、民生类创意等	20
社会价值维度	1. 项目直接提供就业岗位的数量和质量 2. 项目间接带动就业的能力和规模 3. 项目对社会文明、生态文明、民生福祉等方面的积极推动作用	10

第四节 “互联网+”大学生创新创业大赛项目计划书撰写

一、项目计划书的逻辑

在进行计划书的撰写之前，项目团队应先认认真真梳理一下项目计划书的基本逻辑。总的来说，计划书的基本逻辑主要包括八项内容：我们发现了什么问题，也就是痛点问题；我们用于解决问题的技术；如何把技术转化成产品；我们把产品卖给哪个群体；我们的产品是否具备优势；我们如何实现销售过程；谁来实现以上的计划过程；我们能够赚到多少钱。详见表 4.9。

表 4.9 “互联网+”大学生创新创业大赛项目计划书撰写逻辑

序号	问题
1	我们发现了什么问题
2	我们用于解决问题的技术
3	如何把技术转化成产品
4	我们把产品卖给哪个群体
5	我们的产品是否具备优势

续表 4.9

序号	问题
6	我们如何实现销售过程
7	谁来实现以上的计划过程
8	我们能够赚到多少钱

二、计划书结构组成

项目计划书主要由三部分构成:前言、正文、结尾。研究以往一些优秀项目得出的统计结果,省级阶段项目计划书 70 页左右,约 3 万字,国赛 120 页左右,约 5 万字。项目计划书需要书写规范、图文并茂、逻辑清晰,并附有必要的佐证材料。详见表 4.10。

表 4.10 "互联网 +"大学生创新创业大赛项目计划书结构

结构	内容要点
前言	封面、目录、执行摘要
正文	业务描述、产品与服务、市场营销、项目团队、财务预测、资本结构、投资者、退出方式、风险分析
结尾	附录
页数:省赛 70 页左右(约 3 万字)、国赛 120 页左右(约 5 万字)	

三、执行摘要

项目执行摘要是对整个项目的一个概括,主要目的就是把项目的亮点和特色最先展现出来,引起评委的兴趣。项目的执行摘要主要包括创业项目概念与概况、市场机遇与市场谋略、目标市场及发展前景、创业项目的竞争优势、创业项目营收与盈利、创业项目的核心团队、创业项目股权与融资。

四、项目团队

(一)学生团队

在设置学生团队的时候,有两个要点必须写清楚。第一个要点是学生团队的分工,就是每一个团队成员在团队当中分别担任什么样的职务,学生团队的分工是证明团队构成是否合理的重要依据。第二个要点是团队成员的历史成就,就是每一个成员的学历、专业、工作经验、相关创业成绩等,这些能够证明成员可以完成团队分给他的工作。详见图4.3。

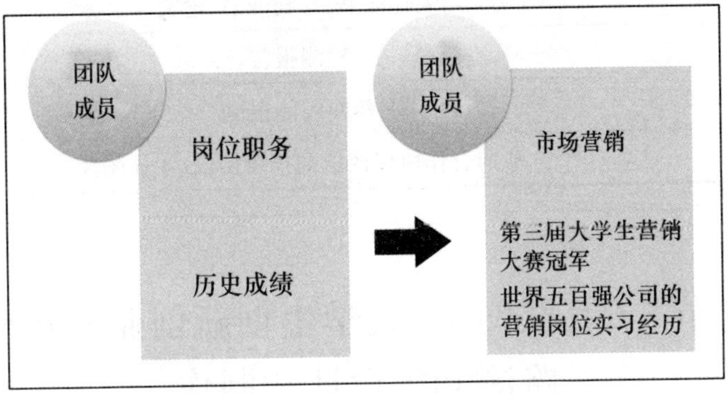

图4.3 “互联网+”大学生创新创业大赛团队成员介绍

(二)指导教师

参加“互联网+”创新创业大赛项目,一定要配备指导教师,学生是在教师的指导下完成比赛的。

(三)专家顾问

专家顾问指的是在项目开展的过程中,给予项目指导的更高层次的人才。专家顾问也不一定都是技术研究领域,也可以是该行业、该领域上市公司的集团董事长,或者是该行业、该领域协会的会长等。

五、附录

项目计划书的最后一个部分,叫作附录。附录部分是项目佐证材料的展示。首先,如果成立了公司,就要展示营业执照。第二是政策支持文件,比如做了一个养老服务的项目,就要展示政府养老服务扶持政策。第三是荣誉证书和专利证书、论文。第四是检测报告,就是项目得到第三方具有公信力的检测机构出具的检测报告。第五是新闻媒体报道,可以证明项目的社会影响力。最后,还有意向合作协议和意向投资协议、工作图片等。详见表4.11。

表 4.11 “互联网+”大学生创新创业大赛项目计划书附录内容

序号	佐证材料
1	营业执照
2	政策支持文件
3	荣誉证书、专利证书、论文
4	检测报告
5	新闻媒体报道
6	意向合作协议或意向投资协议、工作图片

第五节 “互联网+”大学生创新创业大赛项目路演 PPT 设计和制作

一、路演 PPT 内容

“互联网+”大学生创新创业大赛路演 PPT 包括:项目描述、市场分析、市场痛点、产品服务、竞品分析、客户用户、反馈情况、发展规划、团队介绍、未来展望。路演 PPT 就是项目计划书的缩小版,如果说计划书是项目的文字描述,那路演 PPT 就是项目的可视化呈现。详见表 4.12。

表 4.12 “互联网+”大学生创新创业大赛路演 PPT 内容

项目描述	一句话说清楚为谁提供什么产品或服务
市场分析	权威数据说明市场体量
市场痛点	用户场景
产品服务	原型、产品基本情况、核心优势
竞品分析	与同类产品的不同
客户用户	付费者、使用者
反馈情况	用户测试反馈数据
发展规划	产品升级、区域扩展规划、带动就业、引领教育
团队介绍	商务近照,专业、任职岗位、成果等基本信息
未来展望	目标和愿景

二、路演 PPT 的提分要点

如果路演 PPT 想在众多参赛项目中脱颖而出,就要掌握项目提分技巧。项目三个主要的提分点,就是项目名称、项目优势、项目落地,如果在路演 PPT 里把这三部分的亮点完整清晰地呈现出来,将助推项目取得更好的成绩,走得更远。

1. 项目名称

(1)正确的项目名称。

项目名称是项目的灵魂,是一个项目最先吸引评委注意的地方,需要集中凝练项目的主旨,给项目取一个好的名字。好的项目名称,能够在有限的时间画面里呈现更多的有效信息。目前,备受喜欢的项目名称方式是:项目名称加一句话描述项目特点。详见表 4.13。

表 4.13 “互联网+”大学生创新创业大赛项目名称示例

序号	项目名称示例
1	“剂”术新材——碳酸钙粉体表面改性剂的颠覆者
2	“立哮贴”——国内领先防治哮喘新模式
3	SWAGGIN——一站式 IP 红人孵化综合体
4	果睿胰——全球首创针对重症胰腺炎患者的抑胰酶型肠内营养制剂
5	守护家园——家禽牲畜环境改良剂研发
6	臻净新材料——动态空气净化核心技术领航者

(2)错误的项目名称。

在这里列举一些错误的起名方式:

第一种,公司名称做项目名称,比如广西腾飞科技有限公司,看不出具体做什么。

第二种,用专利作为项目名称,一种什么的制备方法。

第三种,用论文名称做项目名称,一种什么的研究。

2. 项目优势

项目优势包括创新性、核心优势、技术壁垒。创新性主要体现在有何技术突破,产品功能优势就是项目的核心优势,技术壁垒主要是项目获得的专利,论文,团队情况等。详见表 4.14。

表 4.14 “互联网 +”大学生创新创业大赛项目优势包含的内容

项目优势	创新性	技术突破
	核心优势	产品功能优势
	技术壁垒	专利、论文、团队情况

在进行创新性的描述时，要结合项目在国际或国内实际取得的成就，适当以“国际领先”“国内首创”等词语加以描述，体现项目在技术上取得的突破性进展。

在核心优势的展示中，需有文字描述，配有对比图片，并辅以数据，体现项目取得的成果显著性。在核心优势的描述中，必须注意的是，尽量少用泛词，比如，速度更快、成本更低、结果更准确，应加上数据来准确描述，比如速度快了多少倍，成本降低了百分之几，准确率从原来的多少提高到多少。项目没有数据对比，会显得假大空。

技术壁垒指的是，拥有多项专利、发表了多篇权威论文、高水平的科研平台、博士为主的学生团队、行业内权威的专家顾问，还有院士的评价等。值得注意的是，项目团队的搭配应达到学科交叉、优势互补的效果，将更有利于项目更好的发展。

3. 项目落地性

项目的落地性主要体现在应用案例、合作协议、投资意向、社会效益方面(图 4.4)。为什么要讲落地性呢？落地性说明了项目有进展，体现了项目开展的真实性和效果。

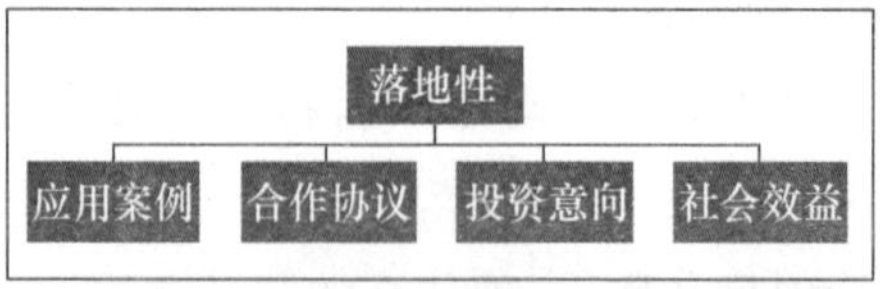

图 4.4 “互联网 +”大学生创新创业大赛项目落地性的体现内容

关于应用案例，比如，项目在临床上有多个应用案例，研究出来的产品被众多科研单位使用。项目落实还表现在成立了公司、有和其他公司合作的协议。落地性表现在总体帮扶的效果上，用数据把帮扶的成效一一呈现，可以体现项目已经开展实施并且取得了一定的成效。落地性还表现在应用案例的效果上,比如通过项目组的帮扶,弱势群体生活质量得到改善、经济收入有增加、幸福感提升等。

三、“互联网+”大学生创新创业大赛时间安排

每年,大概会在3~5月份发布“互联网+”大学生创新创业大赛国赛通知,省赛通知会在大约一个月的时间内发布。各高校会根据国赛和省赛的通知和要求,开展校级选拔赛,选拔优秀的项目,参加省赛,在省赛中表现优秀的项目,再经过培训指导后,参加国赛。详见图4.5。

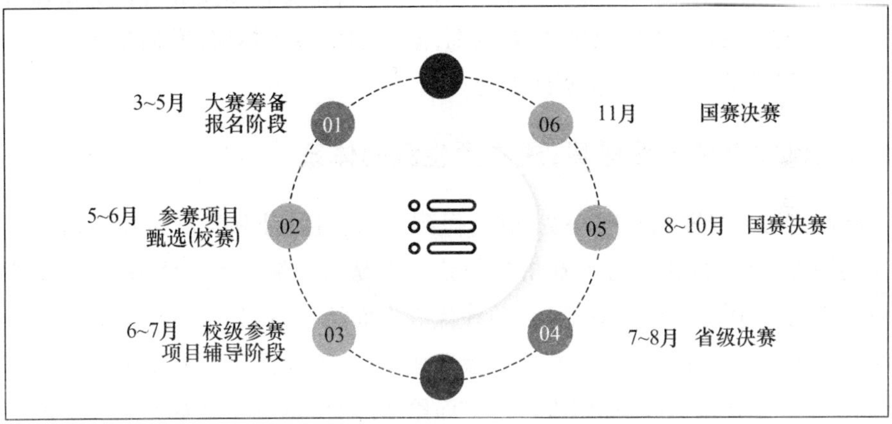

图4.5 “互联网+”大学生创新创业大赛总体时间安排

第六节 “互联网+”大学生创新创业大赛项目参赛组织指导

一、明确工作职责,完善组织工作体系

“互联网+”大学生创新创业大赛作为国家级创新创业的顶级赛事,高校首先要在思想上高度重视,为此在进行“互联网+”大学生创新创业大赛组织工作时,要通过建立健全相关工作机制,将各项组织工作及各项职责落实到位。高校应建立校长责任制的大赛管理机制,由校长或主管创新创业教育工作的副校长全面负责“互联网+”大学生创新创业大赛的组织工作。各学院或系应建立以院长或系主任为责任人的大赛工作机制,具体部署各项组织工作。此外,高校还应成立由学校教务处、办公室、科研处、学工处、校团委、党委宣传部、财务处、创新创业办公

室等各部门共同组成的大赛组委会或工作委员会，设立专职专岗，确保各项组织工作落到实处。

二、构建校内交流平台，夯实双创教育体系

高校可根据自身实际情况，搭建创业意识激发平台、创业教育与实践能力优化平台、深入指导实训平台、大赛竞赛及路演实战平台、项目库及项目协同平台、共享开放工作平台、科技成果转化平台、创业就业统合平台等资源保障平台。通过开设创新创业课程、开展讲座、发放大赛资料、组织大赛咨询会、搭建创业深度教育体系和线下实践基地、加强创业团队与导师、创业者和投资者沟通交流等方式，在高校范围内营造创新创业良好氛围，激发学生参赛热情，增强学生创新创业思维训练，提升学生创新创业实践能力。

三、设立专项经费保障，建立师生激励体系

高校应为大赛提供专项经费支持，做到专款专用。同时，高校还应进一步推进激励制度的建设，比如将大赛指导与获奖情况纳入院系考核体系；对获奖学生在报考研究生、国家奖学金评定、各项评优等方面给予适当的政策倾斜；对获奖教师或获奖团队的指导教师根据获奖等级发放奖金、增加次年研究生或博士生招生指标、给予学术认定、在职称职务评定方面给予加分等；对于参赛但未获奖的教师或指导教师也应给予适当的课外工作量的认定。通过建立合理的激励体系，在激发师生参赛热情的同时，还可吸引和挖掘出更多优秀的参赛项目。

四、多渠道挖掘参赛项目，健全项目遴选体系

高校应从多渠道深入挖掘具有参赛潜力的创新创业项目，可以通过设立校内自主报名平台、院系内部深度走访、高校实验室科研成果转化、举办校内创新创业大学生创新创业、设立创客空间、校友推荐等途径，寻找和挖掘创新创业项目，建立动态的“互联网 +”大学生创新创业大赛项目数据库，储备一批具有参赛潜力的优秀项目。同时在校内定期举行创新创业大赛、项目讨论会等活动，邀请专业导师、投资人、创业校友等担任评委和嘉宾，对项目进行评估，对项目数据库中的项目进行不断的深度挖掘与打磨，为后续报名进行项目推荐、赛道选择时提供参考依据。

五、加强指导教师队伍建设，构建校内外导师指导体系

高校在加强自身创新创业教师培养的同时，还应积极引入校外专家，通过搭

建校内校外专家“3+3”的指导体系,加强对参赛团队的指导。校内指导教师主要由管理类教师、创新创业课程教师、科研技术教师组成,主要负责做好大赛宣传动员工作、对学生开展创新创业理论体系教育、帮助学生实现科研成果转化等工作。校外指导教师则由企业管理者、投资人、“互联网+”大学生创新创业大赛专业指导教师组成,帮助学生对参赛方案进行打磨和修正,同时从专业角度对参赛项目提出合理化建议。同时,高校还应组建和培养一批专业的竞赛师资团队,在赛前对参赛团队和项目开展项目介绍、模拟路演等环节的强化训练。在大赛的不同阶段,通过不同类型指导教师的指导,可以最大限度地帮助参赛团队对参赛项目进行修改和完善,在提升高校参赛项目数量的同时也可最大程度提升项目质量。

第七节 “互联网+”大学生创新创业大赛实施意义

“互联网+”大学生创新创业大赛的确立之初就明确提出:“把大赛作为深化创新创业教育改革的重要抓手,引导各地高校主动服务国家战略和区域发展,积极开展教育教学改革探索,切实提高高校学生的创新精神、创业意识和创新创业能力。”可以说,该项赛事的举办,是在我国创新驱动发展战略时代背景下的必然举措。因为国家创新发展,需要大量的创新创业型人才支撑,而高校在肩负人才培养方面责无旁贷。“互联网+”大学生创新创业大赛的落地实施,正是在当今“互联网”时代背景下响应国家战略的重要措施。

一、以赛促教,促进教学课程体系优化

以赛促教,通过给专业学生提供明确的方向,引导学生以问题为中心,使学校课程围绕满足当下市场需求进行局部调整。帮助教师明确教学方向,使学生在本科学习过程中同用人单位对专业技能的需求实现同步化。

二、以赛促学,促进学生自主学习能力

参加大赛,学生们需要从自己提出的设计方案出发,去探索解决问题的方法和途径,在潜移默化中引导学生主动将抽象的专业知识与实际问题相结合,极大提高了学生主动学习的热情,并巩固了专业知识。

三、以赛促创,促进培养学生创业精神

由于大赛项目立题多从市场痛点出发,学生能够结合自身专业知识,在指导

教师的引导下，尝试将科研成果或专利技术向创业落地方向实施。通过创业实践过程，培养学生具备自觉能动性、创造性、思维操作性和实践性，这也是创业精神的主要特征。培养学生创业精神能够激发学生的学习动力和专业志趣，激发学生的冒险精神，促使学生勇于创业尝试，为毕业后成功创业积累实践经历，提高未来创业成功率，实现创业带动就业。

四、以赛促改，促进高校教学模式改革

《关于深化高等学校创新创业教育改革的实施意见》的总体目标要求，建立健全课堂教学、自主学习、结合实践、指导帮扶、文化引领融为一体的高校创新创业教育体系，人才培养质量显著提升，学生的创新精神、创业意识和创新创业能力明显增强，投身创业实践的学生显著增加。“互联网＋”创新创业的实施为上述目标的实施落地提供了实践途径，为高校教学模式改革提供了着力点。

第五章　大学生创新创业教育模式可持续发展机制探索

第一节　“课－研－赛－践”四位一体创新创业教育模式的构建与实施方案

一、构建“课－研－赛－践”四位一体创新创业教育模式

2015年5月4日，国务院办公厅印发了《国务院办公厅关于深化高等学校创新创业教育改革的实施意见》(国办发〔2015〕36号)，实施意见中明确指出了深化高校创新创业教育改革的三项基本原则：(1)坚持育人为本，提高培养质量；(2)坚持问题导向，补齐培养短板；(3)坚持协同推进，汇聚培养合力；强调了高等学校要构建出多位一体协同育人新机制。协同育人目标是育人，方式是协同，所以在这个机制中高校是承担育人目标的主体，但是创新创业协同育人体系仅仅依靠高校自身的力量是远远不够的，需要集合全社会合力完成，需要将课程、科研、竞赛、实践等各方面因素进行系统的整合，形成行之有效的协同育人机制，从而实现创新创业教育的目标，培养出符合时代要求的创新创业人才。

同时《国务院办公厅关于深化高等学校创新创业教育改革的实施意见》一文中也给高校指出了协同育人机制的建设思路：

课程方面：加强组织机制，通过健全体制机制达到校领导带头，各部门齐抓共管创新创业教育的工作机制。同时完善人才培养方案、创新人才培养机制、健全创新创业教育课程体系、改革教学方式和考核方式等多方面机制与制度的建设。深化高校创新创业教育改革，健全课堂教学、自主学习、结合实践、指导帮扶、文化引领融为一体的高校创新创业教育体系，增强大学生的创新精神、创业意识和创新创业能力。建立以创新创业为导向的新型人才培养模式，健全校校、校企、校地、校所协同的创新创业人才培养机制，打造一批创新创业教育特色示范课程。

科研方面：加强教师自身科研创新创业能力建设，积极引导学生通过大创项目或参与教师科研项目的研究等，加强自身科研能力的提升，同时要求高校想要

明确全体教师创新创业教育责任,完善专业技术职务评聘和绩效考核标准,加强创新创业教育的考核评价,提升教师指导学生开展科研创新研究的积极性。充分发挥大学科技园、大学生创业园、大学生创客空间等校内创新创业实践平台作用,面向在校大学生免费开放,开展专业化孵化服务。结合学校学科专业特色优势,联合有关行业企业建设一批校外大学生双创实践教学基地,深入实施大学生创新创业训练计划。

竞赛方面:鼓励省级人民政府积极承办大赛,压实主办职责,进一步加强组织领导和综合协调,落实配套支持政策和条件保障。坚持政府引导、公益支持,支持行业企业深化赛事合作,拓宽办赛资金筹措渠道,适当增加大赛冠名赞助经费额度。充分利用市场化方式,研究推动中央企业、社会资本发起成立中国国际"互联网+"大学生创新创业大赛项目专项发展基金。强化大赛创新创业教育实践平台作用,鼓励各学段学生积极参赛。坚持以赛促教、以赛促学、以赛促创,丰富竞赛形式和内容。建立健全中国国际"互联网+"大学生创新创业大赛与各级各类创新创业比赛联动机制,推进大赛国际化进程,搭建全球性创新创业竞赛平台,深化创新创业教育国际交流合作。

实践方面:研究设立大学生创新创业成果转化服务机构,建立相关成果与行业产业对接长效机制,促进大学生创新创业成果在有关行业企业推广应用。做好大学生创新项目的知识产权确权、保护等工作,强化激励导向,加快落实以增加知识价值为导向的分配政策,落实成果转化奖励和收益分配办法。加强面向大学生的科技成果转化培训课程建设。推动地方、企业和大学生创新创业团队加强合作对接,拓宽成果转化渠道,为创新成果转化和创业项目落地提供帮助。鼓励国有大中型企业和产教融合型企业利用孵化器、产业园等平台,支持高校科技成果转化,促进高校科技成果和大学生创新创业项目落地发展。汇集政府、企业、高校及社会资源,加强对中国国际"互联网+"大学生创新创业大赛中涌现的优秀创新创业项目的后续跟踪支持,落实科技成果转化相关税收优惠政策,推动一批大赛优秀项目落地,支持获奖项目成果转化,形成大学生创新创业示范效应。

由此可知,高校创新创业协同育人机制要从课程、科研、竞赛、实践四个方面入手。完善学校自身的领导机制和制度建设;师资队伍的完善以及教师能力建设;提升学生知识结构水平和加强学生创新创业意识的建设;加强校企合作、招商引资,扶持学生的创新创业活动,这四个方面齐抓共手,开创全新的协同育人教育模式,最终达到创新创业教育改革的最终目标。

综上所述,高校想要在创新创业大赛取得成绩上的突破,学校创新创业教育改革获得成功，必须从课程、科研、竞赛、实践四个方面共同着手，将对应的策略形成一个具有连贯性，相互配合的策略组合，构建出一个以学生为中心，包括课程、科研、竞赛、实践在内的“四位一体”创新创业教育模式，四方下手共同解决上述问题。

二、“课－研－赛－践”四位一体创新创业教育模式各指标项的相互关系

“课－研－赛－践”四位一体创新创业教育模式中，四大要素相互联系又各司其职：以学生为中心，使学生努力提升自我内在素质，搭建自身创新创业能力平台，积极配合学校的创新创业教育，获得成果后可反哺学校、教师、社会企业；学校方面负责完善制度建设、搭建创新创业教学体系平台，保障创新创业教育的顺利进行，当学生完成创新创业教育和研究后合作双赢；教师努力提升自身知识水平，为学校学生提供知识与技术支援，学生完成创新创业教育和研究后合作双赢；社会企业为学生提供技术和资金支援，收获学生的创新创业成果和学校丰厚的人力和技术资源。如此，四方共同努力，实现四位一体的合作共赢。

“课－研－赛－践”四位一体创新创业教育模式构成要素之间的关系如下。

(1)高校课程体系建设在创新创业教育中占主导作用。

首先，高校的教育教学是具有目标性和方向性的。在课程设置上，根据高校学生的生理和心理发展情况，以及国家制定的高等院校学生创新创业能力标准来设定学校的培养目标；其次，高校的教育教学具有很强的计划性和系统性。学校的教育教学是在国家制定的各种文件精神和规章制度的制约下进行的，可以保证教育教学的秩序，使学生在校学习有序进行；同时，学校的教学是系统性的，可根据学校学生的情况将知识内容进行科学的课程体系编排，循序渐进地教授给学生。由此可见，学校教育教学在创新创业教育中起主导作用，完善学校创新创业课程体系和各类相关制度的建设，方能全方位地促进学生自身的发展。

(2)学校创建的科研环境在学生创新创业教育中提供知识和技术保障。

在科学研究中，教师的作用举足轻重。教师是一个经过专门训练的团体，他们经过学校系统性的培训，并且通过参加企业实践和社会实践掌握了相关的技术知识。教师有明确的教学目标、丰富的教学手段，掌握相关的知识内容，懂得针对高校学生自身特点的教育方法，这一切都可以有效地培养学生的创新创业能力。并且，教师可以通过多年的教学经验了解和分析各种类型学生的行为习惯和性格弱点，提出具有针对性的解决方法，有效地解决学生创新创业项目创建过程中的困难，成为学生创新创业道路上的军师，让学生想创业、敢创业。

(3)各级各类创新创业竞赛为学生创新创业提供展现平台。

在“课－研－赛－践”四位一体创新创业教育模式中,通过创新创业竞赛,企业和学校建立校企合作制度,关注高校大学生的创新创业项目,给出相关的建议,帮助学生的创新创业项目落地。同时,企业响应国家的政策号召,派出优秀的团队或者成员主动进入学校担任创新创业课程的指导教师,或也可进行相关的专题讲座或者经验分享沙龙。大学生是未来发展的主力军,社会应与学校协同育人,促进学生将理论和实际相关联,全面提升自身的创新创业能力;同时,社会企业应结合自身实际为大学生的创新创业项目提供良好的孵化环境和大展拳脚的展现平台。

(4)学生积极主动构建创新创业实践机制。

创新创业教育不仅要求学校主导、教师推进、社会企业协同,更加离不开学生自身的实践。在学校、教师、社会企业等外因的帮助下,高校学生更应积极发挥自身的主观能动性,主动学习、强化个人的创新创业思维、提升自身的职业素养,从而培养出自己的创新创业意识;同时,利用学校和社会提供的各类资源和比赛实践平台将自己的创新创业想法和能力在平台上充分展示,最后才能取得相关的创新创业成果。

总之,大学生创新创业教育必须坚持“课－研－赛－践”四位一体协同育人的模式,坚持以学生为中心,协同共进,多方面共同配合,形成一个以课程、科研、竞赛、实践等多方联动的机制,进而形成一个全方位的创新创业教学育人体系。

三、“课－研－赛－践”四位一体创新创业教育模式实施方案

高校“课－研－赛－践”四位一体创新创业教育模式是一个需要学校、教师、社会企业、学生共同努力的体系,在这个体系推进落实的过程中,需要各方的共同努力来保障教育体系的顺利高效实施。高校学生参加创新创业大赛的成绩是学校立德树人、培养新时代人才的重要体现,完善学校管理运行机制和专业建设,有助于促进大学生积极参加各类创新创业大赛。

(一)学校方面

1. 组织运行机制的建设

(1)建立学院统筹的创新创业专职管理机构。

成立专职机构,统筹学校各种相关创新创业机构的协同工作,如创新创业学

院，专门负责全校的创新创业教育和参赛工作，由该部门统筹各个二级教学部门组织学生参赛。

（2）建立二级教学部门负责创新创业专职人员。

在各二级教学部门设立专职教师或辅导员，专门负责二级教学部门的创新创业的相关工作，对参加竞赛的学生的学业、学习时间计划、竞赛的各类安排、校内资源的使用等方面的工作进行统筹，积极创造有利条件为学生参赛服务。

2. 人才培养方案、课程体系与教学模式的建设

人才培养方案、课程体系与教学模式都是学校教学的基础，也是大学生创新创业教育的依托，通过修订人才培养方案、完善创新创业课程体系、改革教学方法，全面提升学生创新创业的理论知识和实践能力，有利于提高学生参加创新创业大赛的积极性。

（1）修订人才培养方案。

人才培养方案是学校对学生在校期间的总体规划。为了更好地培养学生创新创业的意识和能力，人才培养方案应该在专业基础知识、关联学科知识、实践能力三个方面完成学生创新创业的知识体系构架。

专业基础知识：开设创业类、管理基础类、经济基础类、科技创新类的基础课程，学生通过此类课程学习掌握科技文化、市场经济、企业与人事管理等涉及创业的基础知识。

关联学科知识：开设企业管理、财务管理、企业风险管理、市场营销、创业法律、电子商务等课程，学生通过此类课程学习掌握我国企业管理的有关方针、政策和法规以及企业管理的相关知识，熟练运用相关知识与政策进行企业管理，具有较好的语言与文字表达能力、人际协调能力以及分析和解决实际问题的基本能力。

实践能力：开设沙盘模拟经营课、创业体验课、企业报告会等课程，使学生具备发现问题和解决问题的能力，主要包括创新实践、案例编写、创业计划、模拟经营等方面。

（2）构建创新创业课程体系。

开设“创新创业”专项课程。课程主要面向大学一、二年级的学生，聚焦所学专业发展过程中的创新或突破对行业的发展带来的重大影响，将专业课程的发展脉络和最新的学术成果与政策等融入课堂教学，旨在培养学生的创造性思维，激发学生的创新创业灵感。“创新创业”专项课程纳入课程体系。

开设“创新创业”学习课程。为培养交叉型“创新创业”人才，依托学校多专业的综合性优势，建设跨专业的“创新创业”学习课程，形成结构合理、层次丰富、内容贴近的创新创业的新型课程体系。学生完成相关课程修读，授予第二学堂学分证书。

开设“创新创业沙龙讲座”。以学院为平台，聘请行业和创新创业领域获得成功的专家开设专题讲座。讲座旨在让学校学生近距离接触行业专家，了解专家们在创业路上的成功与失败案例，培养大学生敢于冒险、求真务实、百折不挠的创新创业精神。

引进海外“创新创业”优质课程。引进国外高校的优质课程资源，有助于更好地拓宽学生的视野，提高学生在各种环境下的创新创业能力。

加强教师队伍建设和教材建设。通过“创新创业”课程，培养和锻炼一支具有较高创新创业教学能力的教师队伍，形成可推广的适用于高校创新创业教育的教学方法，建设一批高质量的创新创业教育教材。

(3)教学方法的改革。

创新创业教育不同于常规性的“你讲我听”教育，要充分激发学生的创造性和主观能动性，因此学校应推动启发式、讨论式、参与式教学的广泛开展，完善助教制度，强化学生自习能力，培养学生成为具有批判性和创造性思维的人，从而激发学生的创新创业灵感。同时增加实践课程在课程中的比重，强化学生解决实际问题的能力。

建立在线教育平台。推动学校与创新创业相关的各类课程全面开展线上线下混合教学。积极开辟第二专业、第二学堂等在线教学方式，通过学分认定及院系教学工作考核机制，鼓励系部和学生积极参与在线课程。

3. 学校创新创业保障体系的建设

(1)加强学校创新创业园区建设，使学生有更多机会开展创新创业。

学校要按照一定的比例规划建设创新创业园区，增加项目入驻数量，使更多的学生能够开展校内创新创业实践。同时学校要协调创新创业园区与校内其他商业设施的关系，若出现创新创业园区项目与校内其他商业有冲突的情况，要给予学生创新创业项目更多的支持，避免冲突。

(2)提高创新创业园区的支持力度，降低学生创新创业项目落地成本。

由于学生勇于创新创业的项目资金、项目管理水平较低，加上学业的冲突，学生的创新创业项目能成功转化收益的数量并不多。通过加大创新创业园区的管理费用减免力度，能有效地降低学生创新创业成本：一是对学生在创新创业期间的场地租金给予减免；二是对创新创业项目使用的水、电、网费给予一定的减免或折扣；三是对学生创新创业项目申请工商注册登记和办理相关证明的，给予一定的补助。

(3)延长学生创新创业孵化期，提高创新创业成功率。

高校学生在校时间一般为四至五年，第一年熟悉情况，第二到第四年才有可能开展创新创业项目，第五年就要毕业离校。如果要求高校学生毕业离校就退出创新创业园区，绝大部分项目都无法进行，而且学生还面临投入成本无法回收的问题。通过延长项目驻园时间，特别是针对具有市场前景、科技含量高且与校内商业项目不冲突的项目，给予1~3年的项目驻园延长期，提高项目的生存率。

4. 建立校内资源支持创新创业项目参赛的体系

学生参加创新创业大赛，需要使用校内各种资源。通过建立校内资源支持创新创业项目体系，使学生能够充分利用校内资源，提高参赛率和参赛成功率。

(1)对校内各种设备，如果学生参加创新创业大赛和开展其他创新创业活动需要使用，应允许参照教师身份申请使用，或者在项目指导教师的指导下开展使用。

(2)对校内的科研基地，尤其是重要的实验室、实验基地，应有条件地对开展创新创业活动的学生开放使用，在使用过程中，应建立教师指导、培训、使用制度，并做好记录。

(二)教师方面

1. 加强教师能力提升保障机制的建设

教师自身综合能力的提升有助于提高学生团队的层次水平。指导教师高瞻远瞩与高屋建瓴的视野和水准，一方面能为学生项目提供更加完善的指导建议和方案，另一方面也给学生起了表率作用，让学生知道作为教师都在不断进步，学生更需要提升自己的综合素质。指导教师可从三个方面入手，提升自身的综合能力。

(1)教师学历提升保障机制。

由学校出台教师继续教育保障机制，通过机制的建设鼓励教师参加继续教育，全面提高教师队伍素质。同时也使教师继续教育规范化、制度化，保障教师的自身利益。

(2)教师创新创业项目培训机制。

近年来国家大力推进学生和学校的创新创业教育,不但经常举办各类创新创业大赛,也下拨了大量专项资金要求和鼓励政府部门和学校自行举办创新创业培训班,学校应出台机制规定每年派遣一定数量的教师参与这类培训班的学习,提升教师的创新创业的教育理念和实战技巧。规定所有教师每年利用寒暑假进入企业进行实践调研,了解企业最新工艺、管理模式,并提交相应的实践报告改善学校教学课程体系。

(3)教师参赛机制的建设。

近年来各地政府和学校都在举办创新创业大赛,学校出台机制激励教师积极参与这些比赛,了解创新创业大赛的最新政策,提升自己的比赛技巧、参赛项目申报书撰写水平和路演的实战技巧。

2. 加强教师引进制度的建设

加强学校对优秀创业教师和行业专家引进制度的建设,敢于打破传统的教师招聘模式,将创新创业能力和经历作为招聘创新创业指导教师的首要条件,这是基于学校教师精于理论研究而实践能力较弱的情况考虑,虽然创新创业教育需要一定的理论知识,但是更关键的还是传授实践经验。拥有丰富创业经验的行业专家不仅是学校的财富,也是指导学生创新创业的引路人。其次,将行业影响力作为引入优秀创业教师和行业专家的重要考察标准。因为创新创业教育不只局限在课堂,更贯穿于学生的整个实践过程之中,而优秀的创业教师和行业专家可以充分发挥其行业影响力帮助学生,与此同时充分利用创新创业教师的企业资源加快学生创新创业项目的孵化过程与落地速度。

3. 推进和完善分配制度

遵循按劳分配原则,是从教师自身岗位、工作绩效和教师工作贡献度三个方面进行综合考虑的分配制度。完善教师奖励制度,对学校学科带头人、学校骨干教师以及在教学管理方面有突出贡献和显著成绩的教师实行奖励,使其劳有所得。同时制定灵活多样的指标考核制度,根据创新创业项目的特殊性,设定单独考核、短期评价、长期评估、创新创业项目单列指标相结合的考核方式对项目人员进行考核奖励。最后,完善人事考核晋升制度,为能力和贡献突出的教师提供晋升通道与晋升空间,从而激发学校教职员工的工作热情和主动性,减少学校优秀人才的流失。

(三)学生方面

1. 加强校园创新文化的氛围建设,提升学生的创新创业意识

创新创业意识是学生参加创新创业大赛的一个根本内因,驱动学生在生活实践中主动地去参加创新创业活动。为了提升学生这方面的能力和意识,学校应该从两方面入手。

(1)定期和不定期地开展创新创业经验分享沙龙。

学校相关职能部门邀请创新创业获得成功的年轻企业家或者学校的毕业生进入学校,将他们自身的创业经历、失败与成功的经验、在创新创业这条路上的得与失等经验跟学生们进行交流分享,从而引起学生对创新创业的活动兴趣,将创新创业的意识植入脑海中,使学生更积极主动地参加各种创新创业活动。

(2)开展创新创业大赛专题讲座。

学院不定期地举办创新创业大赛的专题讲座,每次的讲座内容都围绕着创新创业大赛主题开展,邀请专家给学生讲解创新创业大赛的比赛规章制度;邀请大赛评委对往届大赛中成功和失败案例进行分析,让学生知道参赛项目包含的关键因素;邀请行业专家讲解如何构思创新创业活动。通过各类专题讲座给学生营造一个创新创业的理想氛围。

2. 加强创新创业课程体系的建设,提升学生的综合能力

(1)提升学生自身综合能力。

参加创新创业大赛是对学生自身综合能力的考验,要保证学生在创新创业大赛中取得好的成绩,学生自身的综合能力是关键因素之一,因此学校应该通过多种手段提升学生的自身能力。

①提升学生的理论基础。

在校期间强化学生的创新创业课程教育,将基础课、专业课和创新创业教育有机地融合在一起,将创新创业教育和创新意识在各类课程中得到充分体现,在课程教学中潜移默化地增强学生创新创业的理念和提升学生本身的各项创业素质。

学校教务处统筹开设与创新创业相关的选修课,同时各二级院系结合自身专业特色开设有本院系特色的创新创业教育,从而提升学生的综合能力。

②提升学生的实践能力。

鼓励学生参与教师科研工作组织项目参赛:学校有很多科研型教师,其科研

成果具有一定的科技含量，居行业领先，通过鼓励学生在校期间积极参与教师的科研工作，协助教师完成科研工作任务，提高自己的科研能力，在科研教师的指导下，组织项目参加创新创业大赛。

鼓励学生参与教师企业，以此为平台组织项目参赛：很多高校教师都是身兼多职，不少教师开办自己的企业。要鼓励学生在教师的指导下开展勤工俭学活动，结合自己的专业知识，参与教师企业的工作，提高自己的工作能力，借助教师企业平台，组织项目参加创新创业大赛。

(2)提升学生团队组织能力和团队精神。

加强创新创业课程体系的建设，提升学生的团队组织能力和团队精神。创新创业从来不是一个人就能独立完成的，团队的力量在创业初期至关重要，而作为一名学生更需要组建好团队去参加创新创业大赛。提升学生的团队组织能力和团队精神是保证学生能在创新创业大赛中走得更远的一个关键因素。要提高学生的团队组织能力和团队精神可以从三个方面入手。

①学院和二级院系在保障学生安全的情况下开展形式多样的团建和拓展活动，通过丰富多彩的活动提升学生的团队组织能力，同时通过这些拓展活动让学生了解个人的能力短板，培养团队意识和团队合作精神。

②加强学校和二级院系的学生会与社团的建设，鼓励学生积极参加学生会和社团活动；对于部分学生因兴趣爱好组织的非官方的社团行为，学院和二级院系要在政策和制度允许的条件下给予最大程度的支持。

③学校鼓励本校教师在日常教学中多采用小组式教学。在日常教学中，教师可以通过小组项目式教学法，通过小组完成教学项目的方式在日常学习生活中培养学生的团队意识，在完成教学项目的过程中，学生之间可以相互了解并增加默契程度，为组建参赛团队打下基础。

(3)提升学生合作能力。

加强学校创新创业保障体系的建设，提升学生的合作能力。任何创新创业项目从预想到实现都要经历一个复杂而漫长的过程，为了缩短其过程，学生应该提升自己的合作能力，学会如何与他人合作，充分动用学校和社会等可用资源为自己的创新创业项目服务。要提升学生的合作能力可从以下几个方面入手：

①鼓励学生借助社会企业平台组建项目参赛。

鼓励学生挖掘和发动自身资源，如学生的家庭、朋友、社会关系中已经创办了企业的，学生可以通过参与企业经营，从而获得相关资源的资助。借助这些资源创立学生的创新创业项目，参加创新创业大赛。

②鼓励学生创办自己的企业,组建项目参赛。对于入学初期就有创业理想与意识的大学生,要积极引导,鼓励学生科学地实现自身理想,建立创新创业公司,入驻学院创新创业园区。在创新创业过程中形成项目/公司团队,完善管理水平,提高资金运营能力,使竞赛项目更贴近实际,更容易获得评委专家的共鸣,提高获奖率。

③鼓励学生利用自己的企业平台。特别是现在高考允许社会青年、退伍军人、各类业主报考入学,这类学生中很多人都已开办了企业公司或者直接从事生产经营,鼓励这部分学生组建项目,完善项目材料,参与创新创业比赛。这类项目有别于应届大学生的创新创业项目,其实践性和可操作性更强,获奖概率也更高。

(四)社会方面

1. 优化政策宣传渠道,提升学生创新创业的兴趣

近年来,国家为推进大学生创新创业项目提供了很多优惠政策,主要包括学生在校和离校创业两大类。但是很多学生对这些政策了解甚少甚至完全不知道,因此学校应该优化宣传渠道,在学校的资助部门或者就业部门部署专人负责宣传工作,经常宣传现有的创新创业保障政策和最新推出的政策。让学生了解和知道相关的政策,提升学生参加创新创业的积极性。

2. 健全“校企合作”制度,为学生创新创业项目保驾护航

高校属于非营利机构,要保障学生的创新创业参赛项目落地实施,就要完善“校企合作”制度从而吸引社会上的优质企业进入学校,然后主动与优质企业在人才培养、技术创新、就业创业、社会服务、文化传承等方面开展合作。通过这些企业的行业和社会影响力在前期为学生的创新创业参赛项目提供创新创业思路,以及创新创业的实战教育;后期在学生项目落地中,企业能够提供资金、技术、原料等方面的资源。

第二节　树立创新创业项目持续发展观念

人的因素是创新创业项目持续发展的内在影响因素。外因通过内因起作用。因此,在创新创业持续发展机制构建中要首先考虑人的因素。对创新创业项目持续发展产生影响的“人的因素”包括项目成员和指导教师两个方面。

一、项目学生成员的管理

1. 树立理性创新创业观念

项目成员是承担创新创业项目的主体,是项目能够持续发展的内在基础。项目成员树立理性的创新创业观念对于创新创业项目持续发展至关重要。为了保障创新创业项目持续发展,需要创新训练项目和创业训练项目成员对项目来源及发展规划形成基本认识及具备一定的项目运作能力。在项目运作过程中,需要项目成员保持融洽的团队关系,团队成员要有共同的奋斗目标,团队成员个人未来规划需符合团队长远发展计划等。这样才能保障创新创业项目实现持续发展。

2. 培养坚实创新创业能力

创新训练项目和创业训练项目成员在运作项目过程中,需要教师对项目成员给予创新创业思维方面的锻炼,培养学生创新精神和创业能力,这不仅是创新创业项目对学生能力的要求,也是本科教学对学生素质提出的要求。因此,“训练计划”项目不仅能够起到提升项目成员创新创业能力的作用,达到提升学生素质的目的,也能够为创新创业项目持续发展奠定基础。

二、项目指导教师的管理

1. 引导教师转变观念

创新创业项目的指导教师首先应当具备理性的创新创业观念,这样才能在指导学生过程中,言传身教、潜移默化,引导学生正确看待创新创业,用正确的态度对待其承担的创新创业项目。

2. 培养创新创业师资

目前,高校创新创业师资不足。大多数创新训练项目和创业训练项目指导教师是由从事科研和教学的专职教师兼任,他们在时间和精力甚至经验上,或多或少缺乏专业系统的培训;教师开展创新创业教育的意识和能力欠缺,教学方式方法单一,针对性实效性不强。因此,就当前创新创业指导教师整体质量有待提升。一方面,高校可联系具有企业背景和项目经验的企业中层管理者,请他们对高校创新训练项目和创业训练项目的指导教师进行规范化、系统化培训,提高高校项目指导教师的能力。另一方面，高校可聘请具备项目经验的企业中层管理人员担任兼职项目指导教师。企业导师需要是曾经的创业者或者具备创业经历和创业背景，或有成功或失败的创业经验，这样才能做到让企业导师对其指导的项目提供实战的经验和更加有针对性的指导。对高校导师的培训可提升高校项目指导教师的指导能力，企业导师加入高校项目指导教师队伍，更可提升项目指导教师整体实力，提高项目指导教师整体质量。

第三节　建立创新创业项目持续发展保障机制

制度体系是一切管理活动有效运行的基础，就创新创业项目持续发展来说，确立完善健全的制度，有利于创新创业项目持续发展的规范化和科学化，避免人为因素阻碍创新创业项目持续发展。

一、管理制度

1. 组织机构

为了保证创新创业项目能够实现持续发展，在组织机构方面，要以高校管理为主。因为创新创业项目落实在校园中，以高校校园环境和设施为依托，由大学生作为主体承担创新训练项目和创业训练项目。所以，高校负责主要管理，符合就近原则，有利于提高管理效率，便于沟通和反馈项目实施效果。

2. 政策保障

当前，为创新创业实施和发展提供相应的政策文件没有明确涉及“训练计划”持续发展问题。因此，为了保障创新创业项目持续发展能够顺利进行，需要出台相应政策对创新创业项目持续发展给予政策保障，让创新创业项目持续发展有据可循，为其持续发展提供合理性和合法性保障。

二、激励制度

1. 学分认证制度

当前，创新创业项目参与人数有明确要求，每个创新训练项目人数限制在1～3人，创业训练计划项目限制在3～5人。创新创业项目结题后，由学校为项目成员颁发相应结题证书,并且参与项目的成员可在项目结题后,以此为依据申请创新个性学分,并将其纳入培养计划。

第一,目前创新创业项目存在的问题是,在某些项目中实际参与运作的项目成员超出3人或者5人,超出人数不能在结题后获得结题证书,也不能申请创新个性学分,这样就会打击项目成员的积极性,不利于创新创业项目持续发展。要消除这一不利影响,需要完善当前的学分认定制度,对于项目成员人数超出规定而不能获得学分认可的情况,只要超出限制人数的项目成员能够开具他们确实在团队中发挥实质性作用的证明,那么,学校主管部门在其承担的创新创业项目顺利通过结题审查后,应给他们颁发结题证书,并且给予学分认定,将创新学分纳入学生培养计划。

第二,另外一种情况是,有些创新创业项目在运作过程中,项目成员几经变更,最初立项时的项目成员和项目结题时的实际参与人员发生变化。对于这种情况,当前的管理办法是在项目运作过程中,如果项目成员变更,可向学校提交成员变更申请并说明理由,在得到学校批复后即可变更项目成员。学校对于创新创业项目结题成员的认定,只根据项目结题时项目成员名单给予发放项目结题证书。若是项目成员中途退出,则不会得到学校的结题认可,不能颁发创新创业项目结题证书。为了保证创新创业项目持续发展,学分认证制度需要进一步完善。探索实行分阶段学分认证制度。一方面,有些学生可能在项目运作过程中发现自身不适合承担项目或因其他原因有中途退出创新创业项目的可能。所以,实行分阶段学分认证制度,既能够满足学生发展的需要,又能够体现项目管理的灵活性。另一方面,应对新加入的项目成员给予学分认可。新队员的加入对于承担项目的团队来说,无疑增加了团队活力与热情,为项目运作提供智力和体力支持。给予新成员学分认可,能够激励他们参与项目的热情。因此,实行分阶段学分认证制度既是对曾经参加项目运作但后来退队成员的认可与肯定,也是对新加入项目成员的一种吸引和鼓励,对二者来说都是一种激励,有利于保障创新创业项目持续发展。

2. 成果转化制度

当前创新创业项目运行周期是1~2年,运行周期结束时要接受学校组织的项目结题审查,结题后创新训练项目可申请创业训练项目,创业训练项目结题后可申请创业实践项目。创新训练项目和创业训练项目中,均有可能将项目研究成果转化为有潜力的市场前景产品的可能性。因此,让那些有潜力的创新创业项目在结题后持续发展,有利于进一步加强项目研巧,取得更大项目成果,如研发新技术、开发新产品或者提供新商业模式。同时要将这些新技术等申请专利,取得知识产权保护。

建立创新创业项目成果转化制度,有利于帮助创新创业项目成果顺利转化,实现科研成果的应用价值。转化形式可是申请专利、注册成立公司,也可吸引风险投资、天使投资等,实现项目的经济价值和社会价值,实现项目成果价值最大化。要注意的是,将项目成果申请专利成功后,可看成是学校与学生共同取得的知识产权,这样有利于激发学生运作项目的积极性与创造性,促进创新创业项目持续发展。

三、评估制度

1. 考核制度

目前,创新创业项目实行的评价考核制度只针对一年运作期限的创新训练项目和创业训练项目,设有项目开题审查、项目中期答辩、项目结题审查等环节。在实行创新创业项目持续发展构架中,第二阶段的项目评价考核制度十分重要。除了上述几个考评环节,需要增加新的考核内容,弥补现有不足。对于通过项目结题审查的项目,可继续运作,并且在项目持续运作过程中,需要学校对项目进展及研究成果进行跟踪并对其评价考核。设置项目考核制度,对创新创业项目结题后继续运作的项目进行考核,若是项目通过考核,则可继续运作,通过更严格的第二阶段项目考核后,可考虑适时将研究成果转化。若是项目不能通过持续发展过程中第二阶段项目评价考核,则需要设置退出制度,保障创新创业项目持续发展质量。

2. 退出制度

对于在创新创业项目中未能通过第二阶段项目考核的项目,设置退出创新创业持续发展制度。申请退出的项目,学校主管部口需要处理多方面关系。第一,承担项目的学生。对于申请退出创新创业项目的学生,若是达到考核要求则给予颁发训练合格证书,若是不符合考核要求则不予以肯定。第二,项目指导教师。制定章程允许教师退出创新创业项目指导工作。第三,对于中途终止运作的项目,学校需合理、合法对剩余项目经费进行处理。

第四节　搭建创新创业项目持续发展服务平台

一、构建创新创业服务平台

目前实行的创新创业项目可看作是创新创业项目持续发展过程的前半段，在创新创业项目持续发展的后半段，创新创业训练计划项目取得的研究成果转化需要有创业平台支持。创业平台是指为推进创业活动建立的组织、服务、制度三者相互作用而共同构成的系统。通过这个系统，将创业者、创业项目、创业资源有效地整合在一起，为创业者提供创业咨询和信息服务，从而降低创业成本，提升创业成功率。

第一方面，创新创业持续发展的创业平台建设，主要是指网络信息服务平台的建设，具有咨询功能和信息发布功能。咨询功能主要为大学生提供创业政策咨询、创业法律法规、创业流程咨询、企业财务咨询等服务。发布信息功能主要为大学生提供创业政策信息、相关企业合作信息、风险投资信息、创新创业训练项目更新发布等。在创业平台运行过程中，需要做好创业平台管理工作，保证平台发布信息真实性和可靠性，提升创业平台权威；同时，要注意及时更新信息，保障大学生获得前沿资讯。

第二方面，依托创新创业人才培养基地建设创新创业平台，主要是指创新创业实践平台。平台主旨在于将校内各个专业实验室更大程度地向本科生开放，让本科生有更多机会参与科研创新研巧；加强各个专业实验室建设，提升实验室科学研究能力与水平，加强创新创业示范基地建设，建成一批校内校外联动的大学生创新创业实践基地。

二、衔接校外众创空间平台

不同于高校创新创业信息服务平台，校外平台是以社会力量为主构建市场化的众创空间，坚持“充分发挥市场配置资源的决定性作用”。校内创新创业信息服务平台可与校外众创空间等创业服务平台加强合作，帮助大学生创新训练项目和创业训练项目成果顺利转化，提升学生的创新创业热情。具体措施如让学生去校外创业平台参观、交流；与校外创业平台合作举办创业沙龙活动、讲座；举办创新创业文化活动月等。

第五节　营造创新创业项目持续发展创业氛围

一、营造宽容失败的文化氛围

当前，我国大学校园和社会上宽容失败的创新创业文化氛围还没有完全形成，大部分人对于创业失败仍旧抱有偏见，一味追捧成功的创业人士，对于创业失败者缺乏应有的宽容与理解。创新创业具有开拓性，会遇到困难、风险和变数，具有失败的可能性。然而，实践证明，失败并非没有意义和价值，而是为以后的成功积累宝贵经验教训。失败是成功之母。当前失败是以后成功的基础，是未来成功的铺路石。因此，要改变当前不利于创新创业的氛围，积极营造高校和社会上有利于创新创业的文化氛围，引导人们对于创业失败者给予更多包容和理解。倡导敢为人先、宽容失败的创新创业文化，树立崇尚创新创业致富的价值导向。这不仅需要引导人们发扬攻坚克难、百折不烧的拼搏精神，增强风险与机遇同在意识，更要努力营造一种鼓励探索、崇尚创造，褒奖成功、宽容失败的创新创业氛围，让更多大学生和社会青年成为敢闯敢拼、敢冒风险、敢担责任、敢为人先的创新创业型人才，大力培育企业家精神和创客文化，将奇思妙想、创新创意转化为实实在在的创业活动。大学校园中形成宽容失败的创新创业文化氛围，有利于激发项目成员的积极性、主动性和创造性，让项目成员敢于放开手脚、抛却心理负担，大胆实践自己的创新创业埋想和抱负，坚定执行创新创业项目，有利于创新创业项日持续发展。

二、营造创新创业氛围的途径

1. 借助新媒体传播之势

现如今，人类发展进入互联网时代，信息传播途径与手段日益多样。新媒体的发展为创新创业信息传播提供了良好的宣传推广平台。对创新创业信息的宣传，可通过新闻报道、专题报道、深度报道等形式，着力宣传创新企业、创新成果、创新品牌，善于发现和大力宣传有创新潜力的特色小微企业，激发全社会的创新创造活力。宣传既要见物更要见人，要把宣传创新成果与宣传创业人物结合起来，讲述攀登科技高峰的创新故事和艰辛奋斗的创业故事，让创新创业者受人尊重，努力营造尊重劳动、尊重知识、尊重人才、尊重创造的良好氛围。同时，还要加强各类媒体对大众创新创业的新闻宣传和舆论引导，报道一批创新创业先进事迹，树立一批创新创业典型人物，可对创新创业人物事迹全程跟踪采访并进行详尽报道，让大众了解创新创业全过程，了解创新创业的艰辛付出与能够实现自我价值的丰厚回报，有利于营造创新创业的良好环境和氛围，让大众创业、万众创新在全社会蔚然成风。在高校中，可将创新创业项目中典型项目案例作为新闻报道的对象，通过校园记者团等渠道对其进行深度跟踪采访，了解项目成员在运作项目过程中的酸甜苦辣，可利用校园官方微博、微信等平台报道大学生创新创业事迹。不仅可以让大学生了解创新创业就在自己身边，并非不可企及，同时还可激发大学生创新创业热情，有利于项目成员坚定地从事项目，促进创新创业项目持续发展。

2. 组织校园创新创业竞赛活动

高校可将创新创业竞赛纳入实践教学课程体系，办好各级各类创新创业竞赛和活动。如面向全体学生的创新创业大赛、职业技能大赛及各类科技创新、创意设计、创业计划等专题竞赛，鼓励学生参加“互联网+”大学生创新创业竞赛，“挑战杯”大学生课外学术科技作品竞赛活动等。为了丰富创新创业活动，要鼓励社会力量围绕大众创业、万众创新组织开展各类公益活动。办好中国创新创业大赛等赛事活动，积极支持参与国际创新创业大赛，为投资机构与创新创业者提供对接平台。就当前“测练计划”项目来说，创新训练项目和创业训练项目均可参加创新创业的各级各类比赛。比如，“互联网+”大学生创新创业竞赛，“挑战杯”大学生课外学术科技作品竞赛等。这些比赛既能激发创新创业项目成员的热情，又有利于营造创新创业的校园文化氛围。理念、制度、平台、文化在整个机制中各自具有明确的定位，同时它们之间相辅相成，相互影响，发挥良性作用。氛围是理念的土壤，理念是氛围的基石，制度是机制运行的保障，平台是项目成果转化的现实需要。

第六章　大学生创新创业项目管理系统的设计与实现

——以某高校大创系统为例

第一节　项目背景分析

一、背景分析

根据《教育部财政部关于"十二五"期间实施"高等学校本科教学质量与教学改革工程"的意见》(教高〔2011〕6号)和《教育部关于批准实施"十二五"期间"高等学校本科教学质量与教学改革工程"2012年建设项目的通知》(教高函〔2012〕2号),教育部决定在"十二五"期间实施国家级大学生创新创业训练计划。

广西壮族自治区在2015年开始建设了自治区区级的大学生创业申报管理系统,该系统面向全区各大高校和老师学生,提供"大创"申报/评审/进度管理等各项功能。该系统的建设,使得"大创"工作的申报表格和数据资料得以规范化,数据统计及时准确。

在"大创"工作的过程中,作为高校级的大创管理用户,使用自治区的区级大创申报平台,遇到了一些实际的问题。自治区大创申报管理平台,重点在于汇总全区的申报数据,高校用户只有一个层级的权限,只能审核和报送,高校内部细化的管理工作未予以考虑。而高校有多个二级学院、分院,实际工作中,需要先从二级学院和分院分层级走完大创项目的申报/跟踪/评审/管理流程,最后再汇总到校主管的教务处或科教处。同时,分院和校主管部门还希望对大创工作中的内容进行绩效考核、统计分析等。这些都是自治区大创平台不能提供的。

二、总体需求

在这种项目背景下,拟建设以高校为主的"高校大创申报管理平台",深入管理高校内部各学院分院的大创工作、细化工作流程,量化考核指标,提高工作效率。同时,也要和自治区大创平台实现数据自动对接,审核过的申报材料自动上传上报,充分实现数据资源共享。

(1)系统功能及架构,必须满足高校教务处、二级学院、专家、指导老师和项目负责人五级用户的分级管理、协同工作。

(2)为了更好地与广西壮族自治区的文创平台对接,同时考虑项目建设的成本、用户数量、并发访问数量、数据存储量,采用 Microsoft.Net 技术平台开发,要求使用.Net4.0 技术框架。采用 B/S 结构搭建。系统后台使用的数据库系统可支持 Microsoft SQL Server 2014,并且具备数据备份恢复机制,充分保障数据安全。

(3)系统的管理权限支持分级多层分支机构及人员及角色模式的权限管理模式,各层级人员具有不同的角色权限。

(4)系统支持 MD5、SHA1、DES 多重加密及安全认证,支持硬件登录密匙登录系统。

(5)系统必须接入广西大学生创业竞赛平台,实现数据上传功能。

(6)系统必须支持并发用户数量 1 000 个以上,且支持系统用户和并发数量的扩展,软件必须满足各种负载均衡系统的部署。

(7)系统需提供内网短消息的日常提醒功能。实现日常办公过程中消息和文件的实时传递,与办公自动化系统集成,作为办公自动化系统待办事宜第一时间推送给用户。

(8)系统满足 500 用户以上访问量的要求。

(9)自定义用户管理、部门管理、数据访问权限管理、功能模块权限管理、日志管理和流程管理。

(10)系统具备完善的系统备份/恢复策略。

三、技术标准和规范

(1)软件开发过程参照 Rational Unified Process(RUP)。

(2)软件开发质量保证体系:参照 GB/T 9000.3—2001《质量管理和质量保证标准第三部分:在软件开发、供应安装和维护中的使用指南》。

(3)软件设计文档参照《国家标准 GB8567 - 1988》《计算机软件产品开发文件编制指南》。

第二节　项目技术架构

一、系统组织架构

系统的组织和管理结构如下图,包括高校教务处、二级学院、专家、指导教师和项目负责人。详见图6.1。

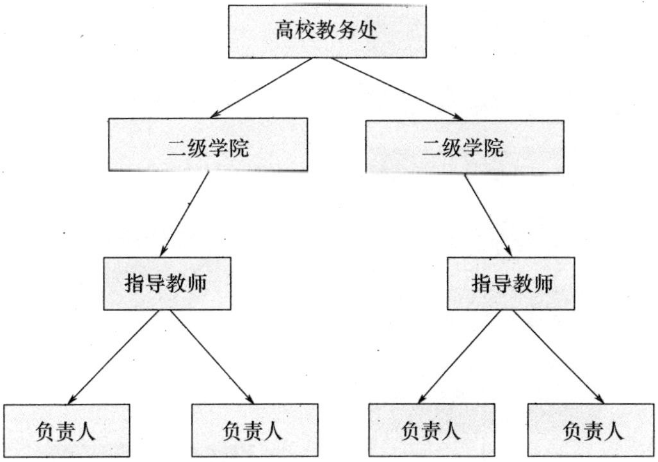

图6.1　系统组织架构

二、系统采用的技术

基于先进性、成熟性、安全性、实用性、可靠性、易维护性的原则,以及为了更好地同自治区的大创平台对接上报,同时考虑项目建设的成本、兼容性、用户数量、并发访问数量、数据存储量,采用如下的技术路线。

服务器平台:Windows Server 2016 标准版

中间件:Microsoft. Net FrameWork 4.0、IIS-10

开发语言:Asp. Net

数据库:Microsoft SQL Server 2014 标准版

采用以上技术,已经可以满足1 000人左右的并发访问和上千万条数据记录的管理了,已经能够充分满足本项目的需求。

三、系统流程图

系统的流程图,详见图6.2。

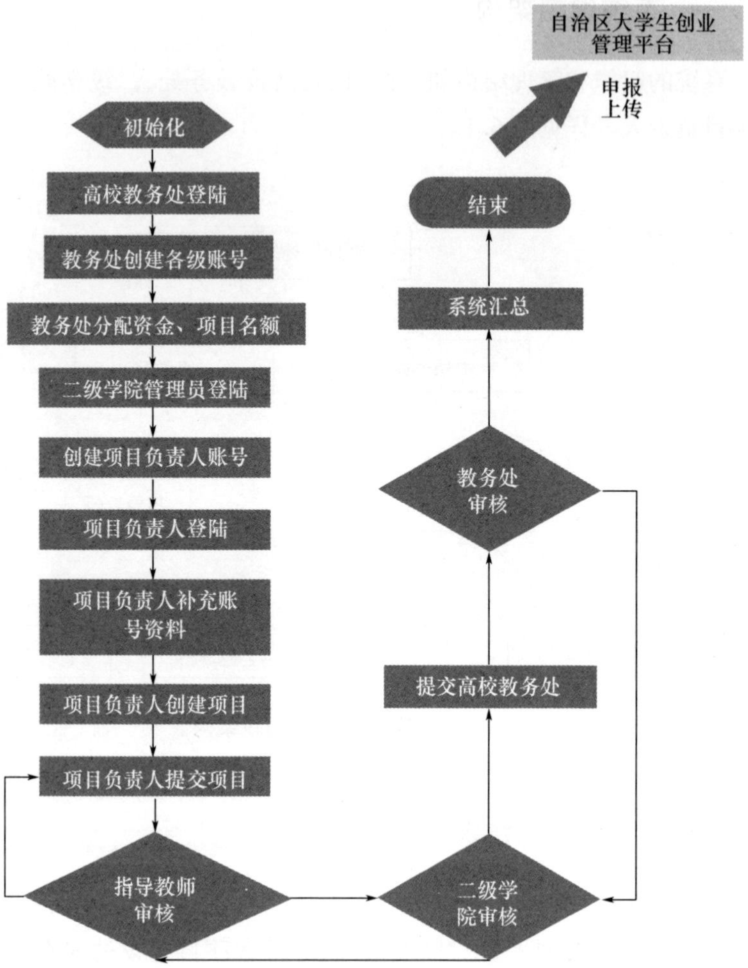

图6.2　系统流程图

四、系统建设的重点和难点

根据对本系统的需求及业务流程的调研,分析其建设的重点难点,有助于避免项目建设少走弯路。

(1)本系统的操作用户层级较多,分为高校管理人员、二级学院人员、指导教师、用户项目负责人用户、各层级用户的权限如何控制,包括查阅信息的权限、修改的权限、审批的权限，以及通知公告的范围和对象，各级用户操作界面的不同，是本项目的重点难点之一。

（2）本系统的业务流程较为复杂，主要表现在每一级用户内部都有自己独立的工作流程和不同的操作功能；各层级用户之间都有审批、报送等信息的传递、流转。如何设计好业务流程的功能操作和数据信息的流转，是本系统的重中之重。

（3）各级用户因为功能的不同，如何设计好其各自的操作界面，既能体现操作的易用性，又能体现出各环节的审批信息，也是一项重要的工作。

（4）本系统要求高并发，并发人数为1 000人。系统架构和程序设计要考虑高并发响应的性能要求，如何应对弹性扩充的用户人数，也是本系统建设的一个重点和难点。

第三节 系统设计

一、系统开发原则

1. 传统的系统开发原则

（1）开放性。

开放性是当今系统的合理设计的一个重要标记，也是符合信息高度共享趋势的一个重要思想。系统将从三个方面考虑系统的开放性。

①数据入口。系统应考虑充分利用现有其他软件系统的数据。

②数据出口。系统应考虑将来与其他软件系统联网的问题，对重要关键数据的交换应提供接口。

③标准设计。系统的开发平台工具应采用国际流行的设计工具。

（2）扩展性。

在系统设计时应留有充分的功能扩展空间，以适应未来发展及变化的需要，从而使系统有良好的可扩展性，延长系统的生命周期。

（3）易用性。

系统设计及运行时应采用稳定的微机网络系统软、硬件开发环境，应考虑系统升级和系统维护的简易性，同时保证用户操作方便快捷，图文并茂，一目了然。

（4）安全性。

系统设计应保证系统运行稳定可靠，在系统出现故障时能迅速恢复，同时应保证数据的安全保密，防止非法修改和窃取系统数据。同时设置过滤功能，防止恶意言论。

2. 本系统的开发原则

本系统的开发除以上四个基本原则外，同时还严格执行 ISO 9126 的要求，在开发中严格遵守如下的内外部质量控制原则。详见图 6.3。

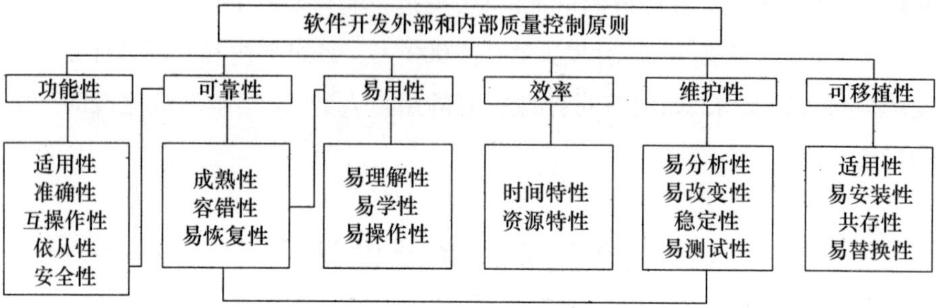

图 6.3　软件开发内外部质量控制原则

二、系统技术平台

系统的开发，一般有 LAMP 体系、Java 体系、微软 ASP 体系、微软.Net 体系。

考虑到用户单位的实际情况，系统兼容，以及维护的方便性，本系统采用基于微软的微软公司的.NET Framework 4.0 中间件技术开发，纯 64 位技术，支持虚拟化技术，具备了技术先进性。

业务系统，考虑到各区各部的访问使用，势必暴露在公网上，面临的安全风险较高。除了在防火墙等硬件设备上提供抗 Ddos 攻击/ARP 欺骗等安全措施外，还在软件层次提供安全手段防止任意对象对系统的非法侵入、SQL 注入攻击、篡改，并避免操作人员的越级操作。同时，使用关键字过滤技术监控和防止非法内容和限制信息出现在网站上。

拟采用的技术平台如下：

服务器操作系统：微软 Windows Server 1664 位系统。

开发工具软件：微软的最新的 Visual Studio. Net 2013/2017 + Asp. Net。

数据库平台系统：微软 SQL Server 2014 64 位数据库管理系统。

以上技术平台和软件及工具的采用，充分考虑未来技术的发展，具备领先性和前瞻性。

第四节　系统设计方案

根据本系统的组织管理结构，不同的用户角色有不同的功能。因此，下面按照用户角色来描述功能。

一、项目负责人功能

功能包括：个人资料编辑和管理，项目申报，项目中期进展报告，项目结题报告，通知公告查看，密码修改。

1. 个人资料管理

个人资料管理包括对姓名、学号、院系、年级、手机、邮箱等信息的管理。用户首次登录需补充完整个人资料后才能使用其他功能。详见表6.1。

表6.1　系统个人资料管理内容

<table>
<tr><th rowspan="2">项目编号</th><th rowspan="2">项目名称</th><th rowspan="2">级别</th><th rowspan="2">项目类型</th><th colspan="2">项目负责人</th><th rowspan="2">学生人数</th><th colspan="2">项目其他成员信息</th><th colspan="2">指导教师</th><th colspan="3">项目经费(元)</th><th rowspan="2">项目所属一级学科</th><th rowspan="2">项目简介(100字以内)</th></tr>
<tr><th>姓名</th><th>学号</th><th>姓名</th><th>学号</th><th>姓名</th><th>职称</th><th>总经费</th><th>区财政</th><th>校拨</th></tr>
<tr><td rowspan="4"></td><td rowspan="4"></td><td rowspan="4"></td><td rowspan="4"></td><td rowspan="4"></td><td rowspan="4"></td><td rowspan="4"></td><td></td><td></td><td rowspan="2"></td><td rowspan="4"></td><td rowspan="4"></td><td rowspan="4"></td><td rowspan="4"></td><td rowspan="4"></td><td rowspan="4"></td></tr>
<tr><td></td><td></td></tr>
<tr><td></td><td></td><td rowspan="2"></td></tr>
<tr><td></td><td></td></tr>
</table>

2. 项目申报管理

项目申报提交后不能修改，审核不通过后可以重新修改。项目申报的约束限制及编码规则如下。

(1)项目编号：(G代表国家级、Q代表自治区级)年份(如2015)+5位

(2)学校代码(附件1)+3位流水号：系统生成。

(3)项目负责人：自动提取个人资料中的姓名、学号。

(4)参与学生人数：项目负责人+项目其他成员信息。(自动计算个数)

(5)项目其他成员信息:学号需验证,验证学号位数是否与项目负责人的学号位数一致,不一致的提示学号位数与项目负责人学号位数不一致。

(6)指导教师:每个项目的指导教师不能超过2位。

(7)职称选项为:教授、副教授、讲师、助教、研究员、副研究员、助理研究员、高级实验室、实验室、校内行政管理人员、企业人员、其他。

(8)项目经费:总经费自动生成 = 区财政 + 校拨

(9)区财政、校拨:各默认显示3 000,用户可修改。

(10)校拨 > = 区财政:如“级别”为“国家级”,校拨 > =10 000。

(11)项目简介:限制字数100以内。另含上传附件功能(名称:大创计划申报书)。

3. 通知公告

学生登录后首页显示各项通知公告信息。

4. 项目中期进展报告

项目进展期间,提交一次中期进展报告,以word形式提交。

5. 项目结题报告

项目申报人填写模板材料,然后提交;还需提供结题的成果介绍及成果材料录入。

二、指导教师用户功能

功能包括:个人资料,项目审核,项目中期进展报告审核,项目结题报告审核,密码修改。

1. 个人资料

管理个人的姓名、电话、电子邮件等资料。

2. 项目审核

审核项目包括批量审核和单个审核。

3. 项目结题报告审核

审核项目结题报告,包括批量审核和单个审核。

三、二级学院用户功能

功能包括：个人资料，项目审核，项目中期进展报告审核，项目结题报告审核，用户管理，通知发布，密码修改。

1. 个人资料

管理个人姓名、电话、电子邮件等基础信息。

2. 项目审核

审核项目包括批量审核和单个审核。

3. 项目中期进展报告审核

管理和审核项目中期进展报告，包括批量审核和单个审核。

4. 项目结题报告审核

管理和审核项目结题报告，可以批量审核和单个审核。

5. 通知发布

发布和管理信息公告，在登录页显示，每个用户登录前都可以查看。

6. 用户管理

批量导入（通过导入模板增加用户，模板字段只需填写用户，默认密码为123456），单个增加。

四、高校管理用户功能

功能包括：个人资料管理，资金项目分配，项目管理，用户管理，通知公告发布，密码修改。

1. 个人资料管理

管理姓名、电话、电子邮件等信息。

2. 资金项目分配

项目资金分配及项目名额分配如表6.2进行管理。

表 6.2　项目资金分配及项目名额分配表

学院名称	项目资金	项目数
×××学院	3 000*项目数(可修改)	默认为 0,为 0 时不对上报项目数做限制,如为 1 时,该校只能上报一个项目
×××学院	3 000*项目数(可修改)	同上

3. 项目管理

项目管理包括申报审核,项目申报汇总,项目中期进展报告,项目结题报告。

(1)项目申报审核。

列出该校所有项目申请表,可批量也可单独审核。其中“级别”和“经费项目”在未上报之前均可以由高校管理用户修改,其他信息不能修改。审核完毕后才可以导出电子表格。

(2)项目申报汇总,详见表 6.3。

表 6.3　××××年×××高校大创项目申报汇总表

学院名称	项目总数(项)	其中			参与项目学生数(个)	参与项目指导教师数(个)	项目总金额(万元)	其中	
		创新训练项目数	创业训练项目数	创业实践项目数				自治区财政金额(万元)	学校配套金额(万元)

自动汇总出以上表格,其中“参与项目学生数”根据学生的学号统计,不重复统计学生人数。并含“打印”和“导出电子表格”功能。

(3)项目中期进展报告。

为中期进展报告设定开始和结束时间,规定时间内没有提交的项目组成员及导师和二级学院,均会在系统有提示公告。

(4)项目结题报告。

设置结题申请表的模板。

4. 用户管理

用户管理包括导入和增加用户,用户信息管理。

(1)导入和增加用户。

批量增加(通过导入模板增加用户,模板字段只需填写用户,默认密码为123456),单个增加。

(2)用户信息管理。

查看用户信息,并可以修改用户密码。

5. 通知公告发布

本系统所有用户都能够查看。

第五节　高并发响应及数据备份设计

系统的高并发响应,其解决方法首先是开发的系统应采用合理优化的软件架构,应能支持横向弹性扩充,支持软、硬件负载均衡的架构。其次,还应通过基础网络设施保障高并发响应和高性能运行,通过安全设备进行安全防护,通过对应用服务器、数据库服务器、存储系统进行冗余互备设计,保障系统运行的可靠性。详见图6.4。

根据用户数量和负载情况,可对系统运行的应用服务器采用负载均衡,既提高了并发用户数量和响应时间、减轻了负载压力,也可防止单服务器故障。数据库服务器采用两台进行互备,存储系统也可以采用两台进行互备。这样就保障了应用系统和数据、文档的安全。在任何一台服务器出现故障时,均可以立即由另外一台服务器接替工作。

基本网络架构可根据用户的实际情况适当调整。

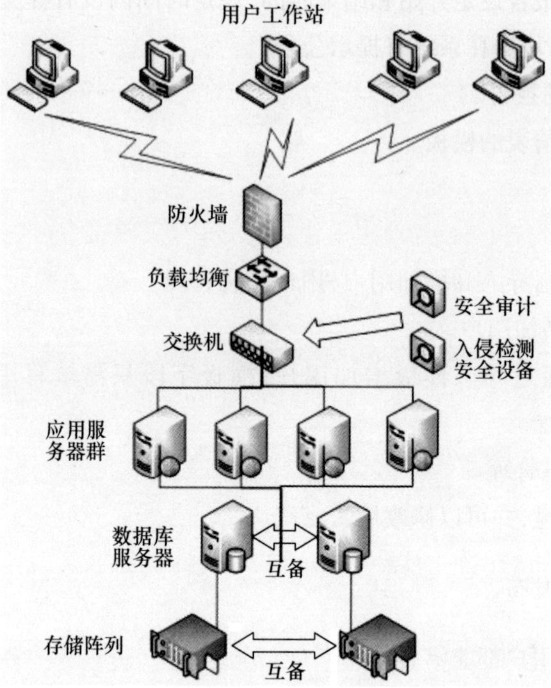

图 6.4　系统高并发响应及数据备份设计流程

第六节　系统安全设计

首先，系统的安全应由本系统运行所在的基础网络设施来保障，包括使用：防墙、入侵检测、安全审计等设备来保障信息安全，通过存储阵列和数据库备份来实现数据安全，通过服务器互备和服务器集群来保障运行安全。

其次，在软件设计中，通过权限设计和内容管理来控制应用系统的操作和访问权限。

为了防止越权操作，本系统可以根据不同使用对象分配不同权限，提供不同功能，系统支持 MD5、SHA1、DES 多重加密及安全认证，支持硬件登录密匙登录系统。

通过权限分配进行系统的使用，管理权限支持分级多层分支机构、人员及角色模式的权限管理模式，各层级人员具有不同的角色权限。具体分配为高校管理人员、二级学院人员、指导教师用户、项目负责人用户四大类。

1. 角色权限级别控制

用户角色的权限实行单向式向下管理,管理级别按照:高校管理人员,二级学院人员,指导老师用户,项目负责人用户,可查阅、操作和审核的权限逐级降低。

2. 内容分级控制

根据角色类型的不同,各角色的可操作的内容、审批修改的权限和查阅的范围也不同。通过内容的分级控制,保证了系统的信息安全和数据安全。

3. 制度安全控制

除了严密的权限控制外,还辅之以系统安全规章制度,如密钥发放制度、用户加入制度等,确保系统的安全性。

第七章　大学生创新创业项目质量提升策略

提升创新创业教育质量不仅关乎国家层面创新型国家的大计，关乎高等教育整体质量的提升，同时也关乎学生个体综合能力的提升。本书主要从影响创新创业教育质量的个体观念、文化熏陶、课程、师资、教学方法、实践平台等方面讨论创新创业教育质量提升策略，提升创新创业教育质量的内部驱动力量。

第一节　个体更新观念，客观认识创新创业

20世纪著名的思想家亚赛·柏林说“没有一种力量，比观念更具有颠覆性”。个体对创新创业的认识会直接影响学习创新创业课程时的态度，从而影响创新创业教育质量。个体应该认识到创新创业教育不等同于创业教育，不以是否成功创业作为最终目的，创业只是一个构成部分。创新创业教育关注的是学生的个体化能力提升。创新创业教育作为一种新的教育范式强势进入高等教育领域，有其存在的必要性和合理性。纵观高等教育质量观的演进逻辑，从精英化到普及化，高等教育已经通过从筛选精英和证明精英来推动社会发展转变为通过用知识和技能的赋予来影响人和社会的发展。创新创业教育旨在培养学生的个体化能力，这和高等教育质量的演进逻辑耦合绝非偶然，而是证明了创新创业存在的合理性。观念的形成具有主观实践性和社会历史性，因此个体应该在实践中不断更新对创新创业的认识，破除旧的认知对新事物的阻碍，形成新的创新创业观。现阶段的创新创业教育普遍聚焦在技能和方法的培养阶段，而忽视了对个体创新创业的价值导向和价值引领。缺乏精神引领自然就难以形成对创新创业的文化认同，就会导致将创新创业已化为单纯的利益追求，正如社会主义市场经济有别于资本主义市场经济那样，源于市场意识的创新创业只有在正确的价值框架下才能获得文化认同，一方面服务于祖国建设，一方面实现个体价值。

社会主义核心价值观不仅对经济、政治、文化等方面的发展有巨大的动力，同时对个体价值观、人生观的形成有很深刻的影响。因此，须加强引导，让大学生个体从创新创业意识的萌动到实践的伊始就在正确价值观的引导下，全面提高大学

生的创新创业意识和价值追求,在实践中充分推进自我个体化进程。社会主义核心价值观为大学生创新创业指明了方向,其所蕴含的时代精神和创新创业所需内涵高度契合。由于市场充满竞争,因此更是要求个体自由、平等、诚信、友善、爱国、敬业,这种积极健康向上的文化内涵正是创新创业驱动力。高校应该通过价值观教育,使学生全面地认识创新创业文化,从个体自由全面发展的角度去深刻理解创新创业文化。在发展中遇到价值冲突时能坚定信念,从容面对困惑,实现自我价值。

第二节 加强创新创业教育观念,完善课程体系建设

一、加强创新创业教育观念,完善课程体系建设

正确理解创新创业本质,明确大创项目在本科创新创业教育中的重要作用。高校应当以开展大创项目为契机,及时修订人才培养方案,加强对创新能力与创业精神的培养。并且依据人才培养方案,在理论课程中加强实践环节,突出学生对已学知识的应用能力,逐步形成具有各个专业特点的创新创业课程体系。

《国务院办公厅关于深化高等学校创新创业教育改革的实施意见》特别强调,高校应当根据自身的定位、服务的群体以及设定的创新创业教育目标,衡量教学水平的标准,完善高校人才的培养方案。高校是输出创新创业人才的重要平台,因此应加强对我国创新创业相关政策的学习,同时与高校的大创项目建设、人才培养方案结合。高校人才培养的各个阶段都应当体现创新创业教育,如将学生的评奖评优与参加的创新创业学术报告、专题讲座以及实践活动次数相结合,对积极参与的学生给予一定的学分奖励。逐步形成一套以提高学生创新能力与实践技能为核心的创新创业人才培养体系。

二、完善创新创业教育课程体系

通过课程学习,可以提升学生的研究能力,为高校培养更多创新创业人才。因此,应当充分关注教学活动对学生的价值,特别是对创新创业思维培养的意义。

一方面,要加强创新创业教育与专业教育融合的课程体系建设。将创新创业教育与专业课程教育相融合,建立一套既能体现创新创业教学方法,又能体现各个专业特点的课程体系。首先,加强创新创业元素与专业课程的结合,增强学生专业学习的创新性。其次,在专业课程授课中注重技能的培训以及科技前沿知识

的传授,提高学生专业学习的时代性。最后,对于一些专业教育与创新创业教育结合较好的课程给予鼓励,提高师生的专业学习热情与创新创业活力。

另一方面,积极引入创新创业相关讲座,甚至是设立有较强前沿性和覆盖面较广的必修课程。选修课要增加一些专题或探究性的方向课,观察学生的兴趣点和爱好,突出个性培养。让学生更加清楚创新创业的时代含义以及应当具备的知识与能力。

第三节　提升教师整体质量

教师是学校的灵魂和主体,教师的知识水平、授课水平、实践经验等对教育的效果起着决定性的作用;同时教师通过榜样的作用,也能潜移默化地影响到学生的思想和行为,让学生更专注地投身到学习中。

一、建立完善的教师培训制度

培养教师创新创业的学识基础和素养。创新创业的教师应该具备广博深厚的理论知识,扎实精湛的学科专业知识,综合各类知识系统生成的教学知识,利用主题整合跨学科交叉的知识,丰富的教学经验和不断更新的知识理念和研究方法。

其次,针对创新创业教育的教学反思。可以系统地整理个体创新创业学习存在的问题,有意识地将自身的经验传授给学生,开发有意义的新的学习方法,在反思的基础上逐步形成促进个体化发展的教学能力。第一,对创新创业教师实行资格准入。鼓励不同学科背景的教师积极参加创新创业教师的研修班和资格考试,使创新创业的覆盖面扩大,同时解决了创新创业教育同专业教育的融合问题。第二,实施创新创业的绩效考核制度,定期对教师的专业能力和教学能力进行考核,督促教师不断研修和学习,提升教育教学能力。第三,鼓励多种形式的师资培训和研修。如参加短期的创新创业理论知识培训,利用各种平台和组织参加创新创业研讨会,向有经验的教师交流学习,或挂职真正到企业去锻炼,获得创新创业管理的真正体验,增强教师的实践能力,或是“走出去”,向欧美国家学习经验。

二、完善兼职教师的聘任制度

通过完善教师的聘任制度,整合校外师资力量为我所用。创新创业教师结构要得到改善,一方面是内部培育,另一方面要外部引进,但是要重视对外部引进教师的管理和评聘。地方本科院校创新创业的兼职教师一般是外校的客座教授、知名企业家、创新创业成功者、风险投资人员、政府机构人员等，其共同的特点就是流动性比较大，难以管理。因此地方本科院校需要明确兼职教师的基本条件、工作职责和聘任流程，也要考虑兼职教师的考核形式和考核标准。不能让花重金聘请来的专家只是流于形式，不对教学质量负责。要形成对兼职教师评聘的长效机制，整合优质的教师资源，开创改善师资质量的另一条通道，充实本校师资力量，提升创新创业教育的教学效果。

第四节　构建完善的实践平台

实践平台的不完善一方面是资金的缺乏，一方面是建好的设施没有得到有效的利用。学校应该为学生提供更多可供选择的学习空间、学习资源和学习机会，营造更加有利、更加适合个体化发展的学习环境。学校应坚持以学生为中心的教育理念，根据学校特色积极为学生争取国家部委以及企业、学术机构等校外资金和项目支持，努力改善大创项目的科研环境，满足学生的项目需求。

一、提供良好科研条件，完善多维实训平台

任何的项目研究都需要一定的物质作为基础，大创项目涉及教学、科研、管理等多方面工作，是一个复杂的系统。因此，为保障大创项目的顺利实施，需要完善项目的实训平台，提升平台的效率、规范性以及科学性。创新思维的培养以及创业能力的提升来源于实践。大创项目将“自主试验”作为立项原则，强调了实践的重要作用。因此，学校要完善多维实训平台的建设。一方面，学校应将大创项目纳入到人才培养方案中，在日常的教学活动中体现实践环节，使创新创业实践活动与专业教育有效衔接。另一方面，学校应与校外企业众创空间、风险投资机构、行业孵化器等加强合作，建设大创项目的实践基地。学生可以去校外实践基地参观与交流，并且与校外实训平台合作举办创业沙龙活动、讲座以及创业文化活动周等。校外实训平台为大创项目提供了更多的输出渠道，同时为外部企业输送了项目成果，促进了大创项目成果的转化，实现了校企共赢。

二、完善信息交流平台，营造良好创新氛围

学校是培养人才的重要主体，拥有企业无法拥有的师资力量与教学资源；企业能够为学校提供当前市场发展的趋势，为大创项目研究指明方向。所以，学校

与企业要加强信息交流平台建设。这中间就需要政府的桥梁作用，方便双方的信息交流，开设交流平台，为双方的合作提供强有力的保障，真正地做到信息共享，提高校企双方信息的沟通效率。由于大创项目的申报数量较多，参与学生的动态变化较大的特点，传统的管理方式不仅效率低下，而且容易出错。因此，在构建信息交流平台后，学校与企业应将可以共享的信息发放在平台供大家参考分析，这不仅减少了项目资料搜集所浪费的人力与财力，也节省了双方的时间，有效避免了信息不对称的情况。学校的创新创业环境在长期教育教学活动中积淀形成，作用于全体师生以及校风学风。良好的创新氛围是培养具有创新意识和创新思维的创新创业性人才的土壤和根基。因此，学校应当利用信息交流平台，邀请企业专家与大学生开展创新创业交流活动，增加典型事例的影响力，提高学生投身创新创业的信心与勇气，以鼓励创新、崇尚进步的氛围塑造学生，在全校范围内形成良好的创新创业氛围。

三、加强经费支持力度，落实相关保障措施

学生只有在项目经费上得到了保障的基础上，才能推动大创项目的可持续发展。资金是大创项目开展的基本保障，加强大创项目经费支持力度，落实相关保障措施需要政府、学校与社会的配合。政府首先要增加各级各部门的投入，依据自筹经费配套的规定向社会多方筹集经费，使更多的大学生参加到大创项目中来。其次，政府要利用好相关政策，进行政策上的引导，如知识产权上的保护以及税收上的优惠，吸引更多的社会资金支持大创项目的发展。学校在政府配套经费的基础上，应当设立专项经费，并且优化经费的使用管理办法。项目负责人要根据实际需要对经费的使用进行规划，参与项目的学生在上报的预算限额里可以自主调动经费，避免经费的流失和浪费。项目经费的管理在一定程度上也影响学生完成项目的积极性，学校在经费管理上应当为学生提供一定的便利，对于结项评为优秀的项目给予一定的奖励金，鼓励学生提高大创项目的质量。除此之外，还要加大来自企业、基金会、风险投资等主体对高校的资助，发挥社会资助的活力。最终形成一个立体化、全方位的大创项目经费支持体系，促进大创项目整体质量的提高。

参考文献

[1]张思佳.基于适应性理论的民办高校创新创业教育研究——以西安外事学院为研究对象[J].大众标准化,2020(2):163－164.

[2]高扬.大学生创新创业训练计划项目持续发展研究[D].大连理工大学高等教育学,2016.

[3]刘迅,林陵娜.大学生创新训练计划实施效果综合评价研究——以苏州科技大学为例[J].价值工程,2019,38(2):194－196.

[4]操颜艳.对高校创新创业教育问题的分析与思考[J].科教文汇,2020(1):10－12.

[5]姜骞,刘晓伟,胡国杰,等.以创新创业大赛为载体的大学生创新与实践能力培养路径选择研究[J].辽宁工业大学学报(社会科学版),2016,18(1):89－91.

[6]蔡晨笑."互联网＋"大学生创新创业大赛研究[D].华东师范大学,2018.

[7]秦建华,黄婷婷,周凯红.关于大学生创新训练计划的选题实践与思考[J].高教论坛,2013(9):66－67,75.

[8]刘佩勇,亓红强,崔振波,等.生物工程专业大学生创新创业项目选育基地建设初探[J].大学教育,2017(12):173－175.

[9]王雁,黄景荣,钟军.大学生创新创业训练计划实施过程及质量管理研究——以合肥工业大学为例[J].创新与创业教育,2018,9(2):43－46.

[10]郭辉.新疆高校大学生创新创业训练项目的实施效果及主要问题[J].现代教育科学,2019(5):128－132.

[11]谭晋钰."大创计划"项目过程管理满意度研究——基于天津师范大学师生的调查问卷[J].创新与创业教育,2017,8(6):60－64.

[12]陈琳.高校创业训练项目成果转化影响因素及对策研究[J].品牌研究,2018(4):252－254.

[13]汤振策,杨卓玮,江嘉祺.构建创新创业网络平台改善创新创业训练模式[J].科技广场,2013(5):246－248.

[14]张建文,张琤,常晓明,等.地方院校大学生创新创业训练计划的过程管理

[J]. 高等工程教育研究,2014(5):135 – 138.
[15]于斌,颜贤斌."大学生创新创业训练计划"项目管理探索与实践[J]. 科技创业月刊,2017,30(1):71 – 73.
[16]许胡笛,王睿,杨柳,等. 大学生创新训练项目参与情况的调查与研究[J]. 中国高等医学教育,2019(1):7 – 8.
[17]杨风开,李红斌,尹仕. 基于过程管理的院系级大创项目的运行管理模式[J]. 创新与创业教育,2019,10(1):82 – 86.
[18]郭莉,王菡,王栩楠. 探索"大学生创新创业训练计划"的管理模式[J]. 现代教育技术,2012,22(6):118 – 121.
[19]金京姬. 关于加强大学生创新创业训练计划项目管理的几点建议[J]. 高教研究与实践,2014(4):70 – 73.
[20]蔡伟. 大学生创新创业训练计划\项目开展的质量提升路径——以南京工业大学交通运输工程学院为例[J]. 西部素质教育,2019,5(7):192.
[21]FAYOLLE A, GAILLY B, LASSAS-CLERC N. Assessing the impact of entrepreneurship education programmes: a new methodology[J]. Journal of European industrial training: A journal for HRD specialists, 2006,30(9): 701 – 720.
[22]LEE E A. Impact of entrepreneurship education: A comparative study of the US and Korea [J]. The international entrepreneurship and management journal, 2005,1(1): 27 – 43.
[23]PETERMAN N E K J. Enterprise education: influencing students' perceptions of entrepreneurship [J]. Entrepreneurship theory and practice, 2003, 2 (28): 129 – 144.
[24]SATISH N. Embracing entrepreneurship across disciplines: Ideas and insights from engineering, science medicineand arts[M]. Northampton, MA: Edward Elgar Publishing, 2015: 79 – 103.
[25]ROBERT J, LAHM J K C H. Creating an entrepreneurship internship program: A case study[J]. Journal of entrepreneurship education, 2013,16: 73 – 98.
[26]金津, 赵文华. 美国研究型大学顶级创业大赛的比较与借鉴[J]. 清华大学教育研究, 2011,32(5): 79 – 85.
[27]朱红, 张优良. 北京高校创业教育对本专科生创业意向的影响机制——基于学生参与视角的实证分析[J]. 清华大学教育研究, 2014,35(6): 100 – 107.
[28]张志达. 高校创业大赛低效,原因何在? [J]. 教育与职业, 2014(31): 89.

[29]马建荣，李凤. 构建学科竞赛“四化”长效机制，提高学生实践创新创业能力[J]. 现代教育技术，2011，21(12)：145－148.
[30]杜洁. 基于TRIZ理论的大学生创新创业能力影响要素研究[D]. 西安科技大学企业管理，2014.
[31]丁三青，王希鹏，陈斌. 我国高校学术科技创新活动与创新教育的实证研究——基于“‘挑战杯’全国大学生课外学术科技作品竞赛”的分析[J]. 清华大学教育研究，2009，30(1)：96－105.
[32]陈霖. 基于“创青春”竞赛平台对大学生创业教育分析[J]. 中国成人教育，2015(18)：93－94.
[33]曾婧婧，龚启慧. 双创大赛人才选拔标准研究：创新还是创业？[J]. 科学学研究，2017，35(10)：1536－1545.
[34]任泽中. 资源协同视域下大学生创业能力影响因素与发展机制研究[D]. 江苏大学，2016.
[35]韩晓萌. 创新创业：让梦想起航——第二届中国“互联网＋”大学生创新创业大赛全国总决赛综述[J]. 中国高等教育，2016(21)：8－9.
[36]吴爱华，侯永峰，郝杰，等. 以“互联网＋”双创大赛为载体深化高校创新创业教育改革[J]. 中国大学教学，2017(1)：23－27.
[37]马妙明. “互联网＋”形势下的高职教学改革的研究——基于“互联网＋”大学生创新创业大赛的视角[J]. 辽宁高职学报，2016，18(9)：39－41.
[38]谭晋钰. “互联网＋”大学生创新创业大赛校赛实践与思考[J]. 高教学刊，2017(9)：133－135.
[39]梁会青，翁立婷. 中美大学生创业竞赛比较[J]. 世界教育信息，2018，31(1)：26－32.
[40]陈章政，赵喆，顾欣，等. “互联网＋”大学生创新创业大赛组织工作探究——以西安建筑科技大学为例[J]. 教育教学论坛，2017(52)：47－48.
[41]吴爱华，侯永峰，郝杰，等. 以“互联网＋”双创大赛为载体深化高校创新创业教育改革[J]. 中国大学教学，2017(1)：23－27.
[42]马妙明. “互联网＋”形势下的高职教学改革的研究——基于“互联网＋”大学生创新创业大赛的视角[J]. 辽宁高职学报，2016，18(9)：39－41.
[43]蔡丽容. 创新创业大赛对大学生双创能力的培育作用[J]. 中国轻工教育，2017(1)：50－53.
[44]马杰. 江苏省大学生创业政策实施研究[D]. 东南大学，2018.

[45]王傅，刘惠苑，胡辉华．知识管理视角下的高职大学生创新创业教育模式研究——以社会工作专业为例[J]．社会福利(理论版)，2017(5)：41－46.
[46]王依丹，张秀娥．大学生创业融资难问题探究[J]．中国商论，2017(35)：38－41.
[47]徐文婷．高校创业教育质量保障机制研究[D]．西南大学，2016.
[48]辜胜阻．创新打造多样化的新型城市[J]．西部大开发，2018(11)：98.
[49]李瑜．大学生创业支持体系研究[D]．天津大学，2016.
[50]刘军．我国大学生创业政策体系研究[D]．山东大学，2015.
[51]李卫宏，祝捷，黄建平，等．刍议提升大学生创新创业工作实效的途径——对《教育部关于大力推进高等学校创新创业教育和大学生自主创业工作的意见》的若干思考[J]．福建商业高等专科学校学报，2012(2)：26－29.
[52]唐德海，常小勇．从就业教育走向创业教育的历程[J]．教育研究，2001(02)：30－33.
[53]徐学华，王占仁．立德树人视域下就业教育与创业教育的关系辨析[J]．国家教育行政学院学报，2019(02)：17－22.
[54]陈振明．公共管理学[M]．北京：中国人民大学出版社，2005：518.
[55]熊志翔．高等教育质量保障体系研究[M]．长沙:湖南人民出版社，2002.
[56]刘新民，宋红汝，范柳．区域创业环境与创新平台对创业企业的吸引力研究[J]．科技管理研究，2019,39(7)：7－13.
[57]刘继安，高众．我国高校创新创业训练项目的实施情况、问题与对策——基于2012－2017年“国创计划”项目信息的计量分析[J]．中国高教研究，2018(11)：78－84.
[58]王瑾，胡恩华．创新创业教育元理论探析:基于高校学科建设的视角[J]．江苏高教，2020(7)：99－102.
[59]赵亮．创新创业教育与专业教育深度融合的高校课程体系重构——基于理论与实践角度的分析[J]．江苏高教，2020(6)：83－88.
[60]李双寿，李乐飞，孙宏斌，等．“三位一体、三创融合”的高校创新创业训练体系构建[J]．清华大学教育研究，2017,38(2)：111－116.
[61]郭莉，王菡，王栩楠．探索“大学生创新创业训练计划”的管理模式[J]．现代教育技术，2012,22(6)：118－121.
[62]李化玲，唐俊兵．以学科竞赛推进大学生创新创业能力培养背景下高校实验室功能再造[J]．中国医学教育技术，2020,34(4)：425－428.

[63]曾媛，胡明山. 大学生创业素质现状、问题及教育对策研究[J]. 江西理工大学学报，2011,32(4)：34-36.

[64]许礼刚，徐美娟，关景文. “众创空间”视域下区域创业环境对大学生创业行为的影响[J]. 实验技术与管理，2020,37(4)：32-38.

[65]郭辉，李志翠. 个体特征、高校供给对新疆大学生参与创新创业训练项目的影响研究[J]. 江西理工大学学报，2020,41(4)：78-87.